हॉकी

खेल और नियम

हॉकी

खेल और नियम

सुरेंद्र श्रीवास्तव

एस.के. इंटरप्राइजेज

प्रकाशक : एस.के. इंटरप्राइजेज, सी–54, गणेश नगर कॉम्पलैक्स, दिल्ली–110092
 / संस्करण : 2026 / मूल्य : तीन सौ रुपए
मुद्रक : नरुला प्रिंटर्स, दिल्ली ISBN 978-93-80839-17-2

HOCKEY : Khel Aur Niyam

by Shri Surendra Shrivastava ₹ 300.00

Published by **ESSKAY ENTERPRISES**
C-54, Ganesh Nagar Complex, Delhi-92

अनुक्रमणिका

अंतिम अध्याय

1

हॉकी का इतिहास

कमल से एक बार उसके खेल शिक्षक ने पूछा—कमल तुम हॉकी के बारे में क्या जानते हो? कमल ने संतोषजनक जवाब नहीं दिया। इसके बाद यही सवाल बंटी से पूछा गया। बंटी भी चुप रहा। राजेंद्र ने सिर्फ इतना बताया कि हॉकी गेंद तथा छड़ी से खेला जानेवाला एक खेल है। खेल शिक्षक का अगला सवाल था—इस खेल की शुरुआत कब हुई? राजेंद्र बगलें झाँकने लगा। इसके बाद खेल शिक्षक ने क्लास रूम में मौजूद एक-एक छात्र से पूछा, लेकिन किसी ने भी उपयुक्त जवाब नहीं दिया।

यह स्थिति दरशाती है कि हमारे यहाँ खेल की यह विधा भले ही अत्यंत प्राचीन रही हो, लेकिन लोकप्रिय नहीं हो सकी। आज जब क्रिकेट आदि खेलों की बात होती है; तो छोटे-छोटे बच्चे भी क्रिकेट से जुड़े अनेक सरल व जटिल सवालों के जवाब पूरे आत्मविश्वास व दिलचस्प ढंग से देते नजर आते हैं, लेकिन वे हॉकी खेल पर ज्यादा कुछ बताने की स्थिति में नहीं होते हैं या तो हॉकी के बारे में कुछ कहना या बताना उन्हें बोरियत का अहसास दिलाता है या फिर गेम की इस विधा के बारे में उन्हें वाकई जानकारी नहीं है।

यह प्रकृति का सिद्धांत है कि आप जिस चीज के ज्यादा करीब रहते हैं, उस वस्तु के प्रति आपका उतना ही ज्यादा लगाव बढ़ जाता है। बच्चे

स्कूलों में क्रिकेट खेलते हैं, बॉलीबाल खेलते हैं, फुटबॉल खेलते हैं...अतः इन खेलों में उनकी दिलचस्पी व उत्कंठा बनी रह सकती है। कुछ बताने व सीखने की प्रवृत्ति दिखती है। एक रुझान, एक आत्मीयता, एक साहचर्य झलकता है, लेकिन जिस गेम या वस्तु से आप जितना ही दूर हैं उससे जुड़े सवाल आपको हर्षोल्लासित नहीं कर सकते। आत्मा व मन में वे तरंगें पैदा नहीं कर सकते, जो निकट की वस्तु आपके शरीर को रोमांचित करती है। यह प्रेम व समर्पण की उत्कृष्ट स्थिति होती है, जो शरीर व मन को प्रभावित करती है।

यह सच है कि आज खेल की यह विधा हमारे यहाँ लोकप्रिय नहीं हो सकी है। इसका कारण यह नहीं है कि यह गेम दिलचस्प नहीं है; बल्कि

इसके पीछे सरकारी उदासीनता, साधनों का अभाव, भौगोलिक परिवेश में ह्रास व खेल को मान न देना ही ज्यादा जिम्मेवार है। इनके परिप्रेक्ष्य में हमारे गिर्द वह आभामंडल तैयार नहीं होता, जो समर्पण, रुझान व उत्सुकता को जन्म देता है। जो हमारी दिलचस्पी को बढ़ाता है व आत्मा को रोमांचित करता है। एक रस घोलता है...इस पुस्तक को लिखने का मेरा मकसद यह है कि पाठक गेंद तथा छड़ी से खेले जाने वाले गेम की इस सबसे प्राचीन विद्या में प्राकृतिक रूप से दिलचस्पी पैदा करें, क्योंकि वास्तव में हॉकी एक दिलचस्प खेल है।

खेल की शुरुआत कब हुई?

हॉकी खेल की शुरुआत कब हुई, यह ठीक-ठीक बताना मुश्किल है, क्योंकि हॉकी खेल के इतिहासकारों के मत अलग-अलग हैं। वे भी इस पर ज्यादा कुछ बताने की स्थिति में नहीं हैं। इससे लगता है कि यह खेल अत्यंत प्राचीन है।

इतिहासकारों की राय व खेल वैज्ञानिकों के अनुसार ऐसा कहना ठीक रहेगा कि इस खेल का न तो कोई ज्ञात जन्मस्थल है, न कोई निश्चित जन्मदिन। पर सबकी एकमत राय है कि यह खेल सबसे प्राचीन है।

इस खेल की प्राचीनता का प्रमाण यूनान से प्राप्त ई.पू. 478 की उस मूर्ति में पाते हैं, जिसमें दो खिलाड़ी हॉकी खेलने की मुद्रा में दिखाए गए हैं।

कोपेनहेगन संग्रहालय में रखे गए फ्रांस में निर्मित एक जग पर बने चित्र में दिखाया गया है कि कुछ लड़के मुड़ी हुई छड़ी तथा गेंद के साथ खेल रहे हैं।

ऐसी धारणा है कि पहले यह खेल धागों से ढकी रबड़ अथवा कॉर्क की गेंद तथा ऐश अथवा ओक की छड़ी की सहायता से खेला जाता था। कुछ ऐसे भी तथ्यों का पता चला है कि कुछ व्यक्ति संभवतः घोड़े की पीठ पर बैठकर हॉकी से मिलता-जुलता खेल खेलते थे, जिसने आधुनिक पोलो को जन्म दिया।

दिल्ली के सुल्तान ऐबक की मृत्यु इसी तरह का खेल खेलते हुए घोड़े से गिरने से हुई थी।

कुछ लोगों का मत है कि एशिया में इस खेल की शुरुआत हुई थी। हॉकी के इस खेल से यूनानवासी आकृष्ट हुए। एशियाई लोगों ने यूनानियों के हॉकी प्रेम को स्वीकारा तथा उन्हें इस खेल को सिखाया। यूनानियों ने बाद में इस खेल को रोमनवासियों को हस्तांतरित कर दिया।

रोम और इंग्लैंड का युद्ध हुआ। रोम ने इंग्लैंड पर विजय प्राप्त की। इस तरह रोमनवासी इंग्लैंड में अपने साथ इस खेल को लेकर आए और अंग्रेजों को सिखाया।

अंग्रेज खोजी प्रवृत्ति के ज्यादा होते हैं। उन्होंने इस खेल पर रिसर्च किया। इसमें उन्हें अद्भुत आनंद व रोमांच की अनुभूति हुई। तब यह खेल वहाँ भी लोकप्रिय हो गया। लेखकों के अनुसार इंग्लैंड में हॉकी की लोकप्रियता में रोमनवासियों का हाथ है।

लेकिन, इंग्लैंड के लेखक इससे सहमत नहीं हैं तथा इस धारणा को सिरे से खारिज करते हैं। इंग्लैंड के लेखकों के अनुसार गेंद तथा छड़ी के साथ खेला जानेवाला यह खेल इंग्लैंड में काफी प्राचीनकाल से चला आ रहा था। उनके अनुसार यह खेल यहाँ ईसा से पूर्व से प्रचलित था। इस खेल को अनेक नाम से जाना जाता था। अलग-अलग देशों में खेल को अलग-अलग नाम दिया गया था। इंग्लैंड में इसे बैंडी (Bandy) कहा जाता था, आयरिश लोग 'हरली' (Hurley) खेलते थे, जो हॉकी का ही एक रूप था, स्कॉटलैंडवासी इस गेम को शिंटी के रूप में जानते थे। शिंटी यानी shinty से खेला जाता था।

अनेक नाम से प्रचलित यह खेल हॉकी का प्राचीन रूप था। हॉकी का आधुनिक स्वरूप हेनरी तृतीय के शासनकाल में मुखरित हुआ था। उस समय खेले जानेवाला यह खेल 'क्लब बॉल' (Club Ball) के नाम से ज्यादा जाना जाता था। इसको आधुनिक हॉकी का जन्मदाता माना जाता है।

15वीं शताब्दी में फ्रांस में खेला जानेवाला खेल 'हैकेट' (Hacquet) आधुनिक हॉकी से मेल खाता है।

इस तरह अलग-अलग विचारों व विद्वानों की मत विभिन्नता के कारण यह कहा जा सकता है कि यह खेल कब व कहाँ से शुरू हुआ, इसका कोई निश्चित उल्लेख नहीं मिलता है।

तब खेल को अपनी सुविधानुसार खेला जाता था...

जब हॉकी खेल का जन्म हुआ, तो यह सिर्फ मनोरंजन के खयाल से खेला जाता था। लोग अपने-अपने हिसाब से इस खेल का लुत्फ उठाते थे। उस समय तक हॉकी खेल का न कोई नियम था और न ही इसका नियमित मैदान होता था। तब यह खेल एक घिरे हुए खेल क्षेत्र में खेला जाता था। खिलाड़ियों की संख्या निश्चित नहीं थी। न ही खेल के मैदान की लंबाई-चौड़ाई निश्चित होती थी। इसका न कोई पैमाना था, न कोई क्षेत्रफल निश्चित था। एक विद्वान की राय है कि कहीं-कहीं हॉकी खेलने के कुछ नियम बनाए गए थे। इसी नियम के दायरे में खिलाड़ी अपने खेल का प्रदर्शन करते थे। जितना इस खेल को खेलने में खिलाड़ी को मजा नहीं आता था, उससे ज्यादा मजा इस खेल को देखने वालों को आता था।

एक इतिहासकार का मत है कि उस समय खेल के मैदान की लंबाई, चौड़ाई से तिगुनी अथवा चौगुनी हुआ करती थी, लेकिन वह भी हॉकी स्टिक को लेकर निश्चित नहीं थे। इतिहासकार ने माना है कि छड़ियों की कोई लंबाई-चौड़ाई निश्चित नहीं थी। जितने बड़े खिलाड़ी, उतनी बड़ी छड़ी अथवा खिलाड़ी अपनी सुविधानुसार छड़ियों का प्रयोग करते थे। खेल क्षेत्र के दोनों ओर गोल रेखांकित किए जाते थे।

हॉकी का बढ़ता दायरा

वक्त के साथ हॉकी के खेल में रफ्तार आती गई। इस खेल को धीरे-धीरे लोग स्वीकारते गए। हॉकी को लोकप्रिय बनाने का श्रेय इंग्लैंड को जाता है। यह 1870 के दशक की बात है। उस समय तक अंग्रेजों में यह खेल काफी लोकप्रिय हो गया था। इंग्लैंड के लोग हॉकी का भरपूर लुत्फ उठाते

थे। जैसाकि मैंने पहले भी बताया है कि अंग्रेज लोग रिसर्च में ज्यादा यकीन रखते हैं। अगर कोई चीज उनके लिए लाभकारी सिद्ध हुई; तो वे उसकी गुणवत्ता में और इजाफा लाने के सूत्र तलाशते रहते हैं। इसी तरह खेल को अंगीकार करने के बाद खेल की गहराई में समाकर उसके नियम व शैली निर्धारित करने में अंग्रेजों को महारत हासिल है। जब अंग्रेजों का खेल में रुझान बढ़ा, तो उन्होंने इस खेल की नीतियाँ निर्धारित करने शुरू कर दिए। खेल पर नियंत्रण रखने तथा इसके नियमों के निर्धारण हेतु 1886 ई. में लंदन में 'इंग्लैंड हॉकी संघ' की स्थापना की गई।

इंग्लैंड हॉकी संघ ने अनियमित खेल को एक सूत्र में पिरोकर उसे व्यवस्थित क्रम में रखना शुरू कर दिया। संघ ने खेल के नियम बनाए, दिशा-निर्देश तैयार किए। संस्था के निर्धारित नियम वहाँ के हॉकी खेलनेवाले क्लबों ने स्वीकार किए।

बीसवीं सदी के प्रारंभ में यूरोप के अन्य देशों में यह खेल लोकप्रिय हुआ, तो वहाँ भी हॉकी क्लब खुलते चले गए। ये कुछ देश थे फ्रांस, जर्मनी, हॉलैंड, डेनमार्क आदि। इन देशों में हॉकी के नए-नए क्लब खुले। इन देशों में हॉकी संघों की स्थापना की गई। धीरे-धीरे इसका विस्तार होता चला गया।

जैसे-जैसे इस खेल की लोकप्रियता दुनिया के शेष देशों में बढ़ती गई; तब उसके साथ ही यह जरूरत भी महसूस की जाने लगी कि अंतरराष्ट्रीय स्तर पर खेल के नियम व नीतियाँ निर्धारित की जाएँ, ताकि खेल का स्वरूप निर्धारित हो सके। इसको निश्चित दिशा व क्रम में रखने के लिए ऐसे नियमों की जरूरत थी, जो सभी देशों को स्वीकार हो सके। इसके लिए बाकायदा एक संस्था तैयार की गई। इसका नाम पड़ा 'अंतरराष्ट्रीय हॉकी संघ'। इसकी स्थापना 7 जनवरी, 1924 को हुई।

7 जनवरी, 1924 को स्थापित संघ को 'फेडरेशन इंटरनेशनल डी हॉकी' (Federation International De Hockey या F.I.H.) भी कहा जाता है।

शुरू–शुरू में अंतरराष्ट्रीय हॉकी संघ का प्रधान कार्यालय ऑस्ट्रिया की राजधानी विएना में था, लेकिन कुछ समय पश्चात् उसका प्रधान कार्यालय फ्रांस की राजधानी पेरिस ले जाया गया। वर्तमान में अंतरराष्ट्रीय हॉकी संघ का प्रधान कार्यालय पेरिस में ही स्थित है। यही संस्था अंतरराष्ट्रीय स्तर पर हॉकी संबंधी नियमों का निर्धारण करती है।

भारत में हॉकी का प्रारंभ

ऐसा कहा जाता है कि ब्रिटिश सैनिकों ने भारत में इस खेल की शुरुआत की थी। ब्रिटिश सैनिक अपने शरीर को चुस्त–दुरुस्त रखने के लिए हॉकी खेलते थे अथवा यह उनका पुराना शौक था। कुछ इतिहासकारों का मत है कि अंग्रेज सैनिक इस खेल को उसी रूप में लेते थे, जैसे किसी को तलब होने पर स्मोकिंग की छटपटाहट बढ़ जाती है। जैसे कोई हेरोइन या नशीले द्रव्यों का सेवन किए बगैर अपने कार्य को कुशलतापूर्वक संपन्न नहीं कर सकता; उसी भाँति ब्रिटिश सैनिक उस खुराक को लिये बगैर फिट नहीं रह सकते थे।

अंग्रेज सैनिकों की देखादेखी भारतीयों ने भी इस खेल को खेलना शुरू कर दिया। धीरे–धीरे इस खेल में उनका रुझान बढ़ता गया। इस प्रकार अंग्रेजों का यह खेल भारत में लोकप्रिय होता चला गया।

भारत में प्रथम हॉकी क्लब की स्थापना 1885–86 में हुई थी। सबसे पहले कोलकाता में यह क्लब खुला, उसके बाद मुंबई और पंजाब राज्य में भी क्लब खुले।

इन क्लबों ने भारत में हॉकी के प्रचार–प्रसार को बढ़ावा दिया तथा अनेक हॉकी खिलाड़ियों को पैदा किए। धीरे–धीरे हॉकी पूरे देश में खेला जाने लगा।

जैसे हर देश में खेलों पर नियंत्रण के लिए कुछ नियम व मापदंड निर्धारित किए जाते हैं, कुछ विशिष्ट प्रावधान निर्धारित किए जाते हैं; उसी प्रकार से भारत में हॉकी खेल को नियंत्रित व संचालित करने के लिए राष्ट्रीय

स्तर पर नियम बनाए गए। इसके लिए एक संस्था बनी। यह संस्था थी 'भारतीय हॉकी संघ'। इसकी स्थापना 7 नवंबर, 1925 को हुई थी।

वर्तमान में भारतीय हॉकी संघ के पास ही भारत में हॉकी के संचालन की बागडोर है। संघ के कुछ देशी नियम हैं; जिनका पालन खिलाड़ियों को करना पडता है। यह अनिवार्य है।

ओलंपिक खेलों में हॉकी का प्रवेश

हॉकी का प्रवेश ओलंपिक खेलों में सन् 1908 में हुआ था। उस दौरान चौथे ओलंपिक खेल का आयोजन हुआ था। इसमें इंग्लैंड ने आयरलैंड को फाइनल में हराकर ओलंपिक में हॉकी का प्रथम विजेता होने का गौरव प्राप्त किया था।

जहाँ तक भारतीय हॉकी टीम के ओलंपिक में प्रवेश करने की बात है : तो यह 1928 में संभव हो सका, जब भारत ने एमस्टर्डम (हॉलैंड) में आयोजित नौवें ओलंपिक खेलों में भाग लिया।

इस टूर्नामेंट में भारत और हॉलैंड का आमना-सामना हुआ। भारत ने प्रतियोगिता के मैच में हॉलैंड को हरा दिया और ओलंपिक हॉकी प्रतियोगिता जीत ली।

हालाँकि अंग्रेजी लेखक भारत की जीत को तवज्जो नहीं देते हैं, क्योंकि उस समय भारत पर अंग्रेजों का राज था। अतः वे भारत की इस जीत को अंग्रेजों की जीत मानते हैं। जब पुरस्कार वितरण किया जा रहा था, उस समय ब्रिटिश गान बजाया जा रहा था, जो भारत पर ब्रिटिश दासता की झलक प्रस्तुत कर रहा था।

वर्ष 1928 के बाद भारतीय हॉकी टीम ने सभी ओलंपिक खेलों में भाग लिया और आठ बार स्वर्ण, एक बार रजत तथा दो बार कांस्य पदक जीते।

भारतीय हॉकी की शर्मनाक हार

भारतीय हॉकी के इतिहास में एक बड़ी शर्मनाक हार का सामना उस समय करना पड़ा, जब सन् 2008 के मार्च में चिली में आयोजित मैच के फाइनल में भारतीय टीम इंग्लैंड के हाथों पराजित होकर बीजिंग ओलंपिक्स के लिए क्वॉलीफाई तक नहीं कर सकी। तब से भारत में इस खेल की दुर्दशा बढ़ती जा रही है। इस शर्मनाक हार के बाद कई भारतीय खिलाड़ियों ने यहाँ तक कि अपने प्रोफेशन भी बदल लिए हैं। सरकारी उपेक्षा व हॉकी खिलाड़ियों को उचित सम्मान न देने के कारण यह खेल एक तरह से हाशिए पर आ गया है।

2

हॉकी खेल के सामान्य नियम

टीम

अधिकांश खेलों की तरह हॉकी के खेल में भी प्रत्येक टीम से ग्यारह-ग्यारह खिलाड़ी ही खेलते हैं। हालाँकि टीम में कुल सोलह खिलाड़ियों का चयन किया जाता है। इस प्रकार से दोनों टीमों की तरफ से कुल बत्तीस खिलाड़ियों का चयन किया जाता है, जिनमें से दोनों टीमों से कुल बाईस खिलाड़ी मैदान में आते हैं।

मैच की अवधि

साधारण रूप से मैच की अवधि सत्तर मिनट की होती है। इस अवधि को दो भागों में बाँट दिया जाता है। इस प्रकार से पैंतीस-पैंतीस मिनट के दो भाग होते हैं। प्रत्येक भाग के उपरांत पाँच मिनट का विश्राम रखा जाता है।

लीग मैचों के लिए खेल की अवधि

लीग टूर्नामेंट्स के लिए सभी टीमें शिड्यूल के हिसाब से आठ मैचें खेलती हैं। यानी यह आठ-गेम शिड्यूल होता है। दो भागों में खेले जानेवाले मैच के प्रत्येक भाग की अवधि तेईस मिनट की होती है। प्रत्येक भाग के उपरांत दो मिनट का विश्राम रखा जाता है।

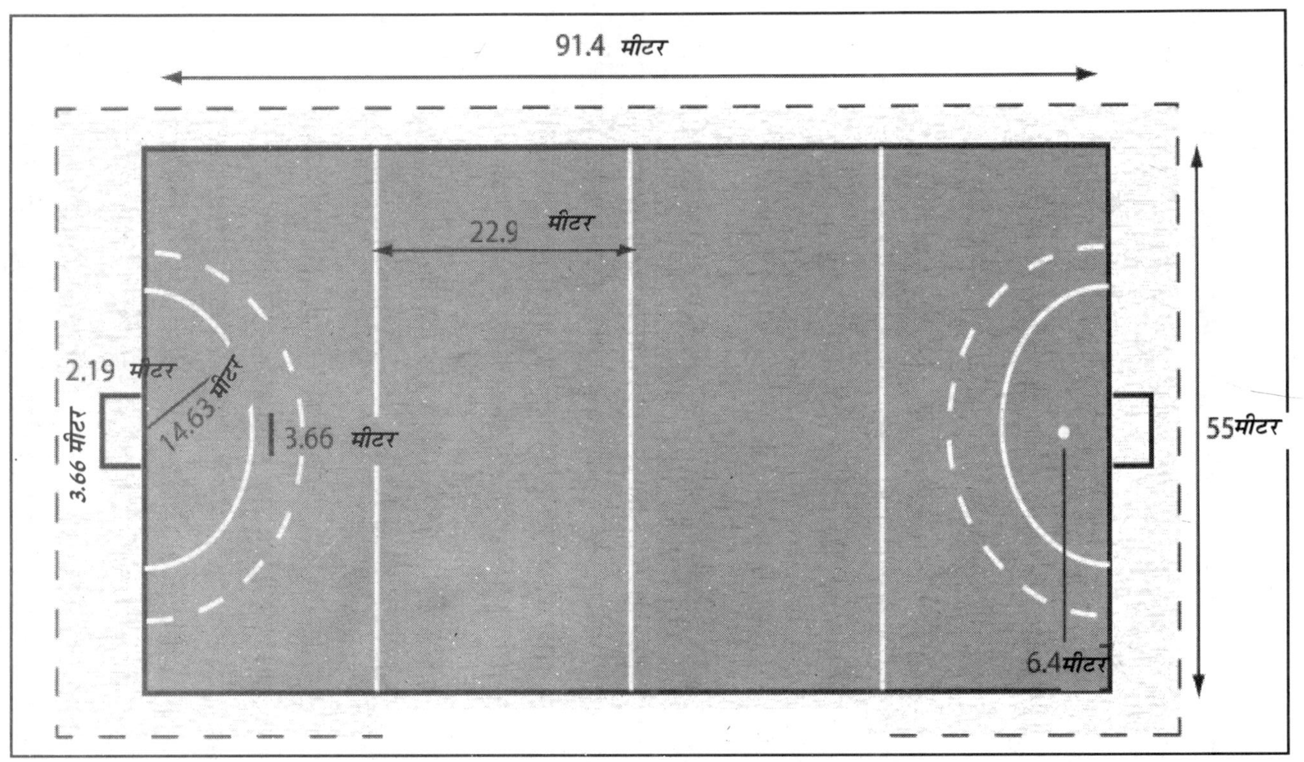

91.4 मीटर
22.9 मीटर
2.19 मीटर
14.63 मीटर
3.66 मीटर
3.66 मीटर
55मीटर
6.4मीटर

यदि कोई टीम निर्धारित समय के दस मिनट के भीतर खेल आरंभ नहीं करती है, तो रेफरी उक्त टीम को दंडित कर सकता है। टीम पर 'चार्ज' (Charge) लगाया जाएगा। इसके अलावा स्कोर में गुणात्मक इजाफा विरोधी टीम के पक्ष में जाता है।

खेल-क्षेत्र

जहाँ हॉकी खेला जाता है, उस मैदान को 'फील्ड' कहते हैं। फील्ड की रचना आयताकार होती है। यह 94.4 मी. × 55 मी. या 300 फीट × 180 फीट के दायरे में होना आवश्यक है। साथ ही यह एक तीन इंच चौड़ी रेखा, जो इस माप में सम्मिलित होगी, के द्वारा रेखांकित किया जाता है।

स्टिक

हॉकी स्टिक का भार 12–28 औंस के मध्य होना चाहिए। इसकी चौड़ाई ऐसी होनी चाहिए, ताकि दो इंच व्यासवाले वृत्त से पट्टियों समेत बाहर निकल सके। हाँ, स्टिक की बाईं ओर के नीचेवाला भाग बिलकुल समतल होना चाहिए। जबकि इसके गोलाईवाले भाग पर किसी धातु की प्लेट नहीं लगी हो। स्टिक के गोलाईवाले भाग की लंबाई किसी भी दशा में इसके चपटे भाग के निचले बिंदु से चार इंच (10.20 सेमी.) से अधिक नहीं हो सकती।

ड्रेस

प्रत्येक टीम के खिलाड़ी अपनी टीम द्वारा स्वीकृत पोशाक पहनते हैं। इस तरह अलग–अलग टीम के खिलाड़ी अपनी टीम के स्वीकृत वस्त्र धारण करते हैं। इस तरह से अलग–अलग टीम के खिलाड़ी पहचाने जाते हैं, लेकिन दोनों टीमों के गोलकीपर की पोशाक का रंग अलग होता है। इसके साथ–साथ गोलकीपर रक्षा उपकरण भी पहनता है। रक्षा उपकरणों में हेलमेट, कोहनी एवं पैरों की रक्षा के लिए पैड तथा हाथों में दस्ताने होते हैं। हेलमेट पहनने से खिलाड़ी के सिर को चोटों से बचाया जा सकता है।

अंपायर

हॉकी खेल के कुशल संचालन, देखरेख, नियमितता व व्यवस्था के लिए दो अंपायरों की नियुक्ति की जाती है। ये अंपायर मैच की पूरी व्यवस्था के लिए जिम्मेवार होते हैं तथा किसी तरह की अनियमितता को रोकने के लिए क्रियाशील रहते हैं। ये खेल में अनुशासन बनाए रखने के लिए भी जवाबदेह होते हैं।

प्रत्येक अंपायर को खेल नियमों का पालन करना होता है। दोनों को

उनके अधिकार व कर्तव्यों के दायरे में रहकर काम करना होता है। संपूर्ण मैच के दौरान दोनों अंपायर अपने-अपने क्षेत्र में बँटे रहते हैं तथा आधे-आधे भाग का ही खेल निर्देशन करते हैं। उन्हें अपने क्षेत्र में रहकर ही निर्णय करते होते हैं। किसी भी अंपायर को क्षेत्र बदलने की अनुमति नहीं होती है।

दोनों अंपायर आपसी सहमति से समय का निर्धारण करते हैं।

अंपायर के अधिकार व कर्तव्य

हॉकी खेल के अंपायरों को—एक शब्द में कहें, तो मैच से जुड़े सारे अधिकार प्राप्त हैं। व्यवस्था का अधिकार, कुशल खेल संचालन का अधिकार, जिसके लिए वे कोई निर्णय लेने के लिए स्वतंत्र हैं तथा उनके निर्णय मान्य होंगे, खिलाड़ियों के व्यवहार व अनुशासन को देखने तथा फैसले लेने का अधिकार, ताकि खेल के किसी भी नियम का उल्लंघन न होने पाए, इसके दृष्टिगत फैसले लेने का अधिकार, अनियमितता को रोकने के लिए उचित फैसला करना, टीम के खिलाड़ियों को खेलने के लिए बुलाना, टीम को समय सीमा के अंतर्गत नहीं खेलने पर दंडित करना, स्कोर निर्धारण आदि तमाम अधिकार अंपायरों को प्राप्त हैं।

एक अंपायर का दायित्व बनता है कि वह सोलह गज रेखा से फ्री-हिट के लिए निर्णय करे। इसके साथ-साथ अंपायर के कुछ महत्त्वपूर्ण उत्तरदायित्व इस प्रकार हैं—

- सोलह गज रेखा से पेनॉल्टी कॉर्नर के लिए फ्री-हिट का फैसला करना।
- पेनॉल्टी स्ट्रोक के लिए फ्री-हिट का निर्धारण।
- अपने क्षेत्र में होनेवाले अनियमितता व उल्लंघनों के लिए टीम को जिम्मेदार ठहराते हुए उचित दंड व स्कोर का फैसला।
- गोल तथा वृत्त के सभी फ्री-हिटों के लिए फैसला करना आदि।

खेल की शुरुआत

हॉकी मैचों के लिए खेल की शुरुआत उस टीम के खिलाड़ी द्वारा की जाती है; जिसने खेल प्रारंभ करने का अधिकार प्राप्त कर लिया होगा।

खेल की शुरुआत टीम के खिलाड़ी द्वारा गेंद को मध्य भाग से पीछे की ओर पास करके की जाती है।

जिस समय खेल शुरू होता है, उस समय विपक्षी खिलाड़ियों की स्थिति गेंद के मध्य स्थल से कम-से-कम पाँच गज की दूरी पर उन्हें होना चाहिए। ऐसा हर बार होता है, जब गोल के बाद मैच शुरू होता है। विपक्षी खिलाड़ी पाँच गज की दूरी पर ही खड़े रहते हैं।

मध्यांतर के बाद खेल शुरू होने पर यही स्थिति बनी रहती है, लेकिन इस बार खेल की शुरुआत वह टीम करती है, जिसने प्रारंभ में खेल शुरू नहीं किया था। इस प्रकार से दोनों टीमों के खिलाड़ी को खेल प्रारंभ करने का बराबर-बराबर हक मिलता है।

गेंद

- यह अपेक्षा की जाती है कि हॉकी खेल की गेंद का भार $5\frac{1}{2}$ से $5\frac{3}{4}$ औंस के मध्य होना चाहिए।
- यह अपेक्षा की जाती है कि गेंद की परिधि 22.4 से 23.5 सेमी. के मध्य ही होनी चाहिए।

गोल

खेल क्षेत्र के सबसे पीछे अर्थात् बैक लाइन के मध्य चार गज के अंतर पर दो स्तंभ लगे होते हैं। ये 2-3 इंच चौड़े क्रॉस बार द्वारा जुड़े होते हैं। इसी से गोल बनता है। हाँ, क्रॉस बार जमीन के समानांतर होना आवश्यक है। इसकी ऊँचाई सात फुट से अधिक न हो, इसका खयाल रखना चाहिए।

गोल स्तंभों का अगला भाग बैक लाइन के बाहरी भाग से लगा होना चाहिए।

- दोनों साइड तथा बैक लाइन पर बोर्ड लगे होते हैं। बोर्ड की ऊँचाई अधिकतम अठारह इंच हो सकती है।
- साइड में लगे बोर्ड बैक लाइन के लंबवत (⊥) तथा आपस में समानांतर होते हैं। इनकी लंबाई अधिकतम चार फुट होनी चाहिए।
- बैक लाइन तथा साइड में लगे बोर्डों से जाल लगाया जाता है।
- यह ध्यान रखना चाहिए कि जाल एवं बोर्डों के मध्य अधिकतम छह छह इंच का ही अंतर हो।

कॉर्नर

हॉकी के खेलों में इसका अर्थ फ्री-हिट से लगाया जाता है अर्थात् कॉर्नर होने का मतलब फ्री-हिट खाना है। फ्री-हिट के समय दोनों टीमों के खिलाड़ी स्थान ग्रहण हेतु स्वतंत्र होते हैं। यह रक्षा कर रहे खिलाड़ियों की साइड रेखा से, जिधर से गेंद बाहर गई है, उसके पासवाली झंडी से लगाई जाती है।

फ्री-हिट के नियम

हॉकी के खेल में फ्री-हिट के कुछ नियम बनाए गए हैं। ये इस प्रकार हैं—

- फ्री-हिट तब होती है, जब गेंद स्थिर एवं जमीन पर हो।
- हिट के समय गेंद को उछाला नहीं जाना चाहिए।
- फ्री-हिट के समय विरोधी टीम के खिलाड़ी गेंद से कम-से-कम पाँच गज की दूरी पर हों, इसका ध्यान रखें।
- जो खिलाड़ी फ्री-हिट लगाता है वह तब तक उस गेंद को नहीं छू सकता, जब तक किसी अन्य खिलाड़ी ने उसे हिट नहीं किया हो।

फ्री-हिट के समय खेल के इन नियमों व अनुशासन का ध्यान रखने की खिलाड़ी व टीम से अपेक्षा की जाती है।

खिलाड़ियों को बदलना

जैसाकि मैंने प्रारंभ में ही कहा है कि प्रत्येक टीम के कुल सोलह खिलाड़ियों का चयन किया जाता है; जिनमें से मात्र ग्यारह खिलाड़ी ही मैदान में खेलते हैं। शेष पाँच खिलाड़ी सुरक्षित स्थिति में होते हैं। टीम में इन अतिरिक्त खिलाड़ियों का उपयोग तब किया जाता है, जब मैच या खेल के दौरान कोई खिलाड़ी दुर्घटनाग्रस्त अथवा चोटिल हो जाता है तथा खिलाड़ी मैच खेलने की स्थिति में (अथवा शेष मैच तक बने रहने की स्थिति में) नहीं होता है।

खिलाड़ियों के चोटिल अथवा दुर्घटनाग्रस्त होने की स्थिति में प्रत्येक टीम को यह अधिकार होता है कि वह अपने अतिरिक्त खिलाड़ियों में से किसी खिलाड़ी को चोटिल अथवा दुर्घटनाग्रस्त खिलाड़ी की जगह खेला सके। इसको प्रतिस्थापन भी कहा जाता है।

प्रतिस्थापन के समय घड़ी रोक दी जाती है, लेकिन निलंबन की समयावधि के मध्य घड़ी नहीं रोकी जाती है। निलंबन पर दूसरे खिलाड़ी को खेलाने का अधिकार भी नहीं रहता है। इस स्थिति में किसी तरह भी खिलाड़ियों को बदला नहीं जा सकता है।

'इंजर्ड' अथवा दुर्घटना के समय जिस खिलाड़ी को एक बार बदला जा चुका हो, उसे भी दूसरे खिलाड़ी की जगह पर वापस बदला जा सकता है।

स्कोरिंग

टीम के अंकों का निर्धारण गोल के आधार पर होता है। गोल बनाने के लिए यदि कोई खिलाड़ी शूटिंग वृत्त के अंदर रहकर, भले ही उसका पैर इससे बाहर रहता हो, अगर गेंद को गोल में दाग देता है अथवा गेंद खिलाड़ी के स्टिक को छूकर स्तंभों एवं क्रॉस बार के नीचे से गोल-रेखा को पार कर जाती है, तो स्कोर अथवा अंक बनता है। जिस टीम को ज्यादा अंक मिलते हैं, वही टीम विजयी होती है। एक शब्द में कहा जा सकता है कि अधिक गोल बनानेवाली टीम ही विजयी होती है।

पेनॉल्टी-कॉर्नर

पेनॉल्टी (Penalty)-कॉर्नर को शार्ट-कॉर्नर भी कहा जाता है। आइए जानते हैं कि टीम पर पेनॉल्टी के समय खिलाड़ियों की स्थिति व पोजीशन क्या होनी चाहिए—

- सबसे पहले यह जान लें कि पेनॉल्टी गोल स्तंभ से कम-से-कम दस गज की दूरी पर तथा गोल-रेखा के ऊपर से लगाई जाती है, परंतु पेनॉल्टी-हिट गोल रेखा से किसी भी ओर लगाई जा सकती है।
- जो खिलाड़ी पेनॉल्टी-कॉर्नर लगाए, उसे यह ध्यान रखना चाहिए कि वह खेल-क्षेत्र के बाहर से ही उसे लगाए।
- खिलाड़ी को कृत्रिम तरीके से इसे नहीं उछालना चाहिए।
- लेकिन अगर गेंद उछल गई हो तथा ऐसा जानबूझकर खिलाड़ी ने नहीं किया हो, तो खिलाड़ी को इसके लिए दंडित नहीं किया जाएगा। इसमें अंपायर यह पता लगाते हैं कि उछली गेंद कहीं खतरनाक तो नहीं है। अगर गेंद खतरनाक नहीं है तथा स्वाभाविक अथवा किसी कारणवश उछाल मारी हो, तो यह माना जाता है कि खिलाड़ी ने खेल नियमों का उल्लंघन नहीं किया है।
- आक्रमणकारी टीम के खिलाड़ी शूटिंग-वृत्त से बाहर, परंतु खेल-क्षेत्र से बाहर नहीं रहते।
- पेनॉल्टी-कॉर्नर के समय कोई भी खिलाड़ी गेंद से कम-से-कम पाँच गज की दूरी पर रहता है।
- पेनॉल्टी-कॉर्नर में जब तक गेंद को रोका न जाए, तब तक उसे हिट नहीं किया जा सकता। ऐसा नहीं करने पर खेल नियमों का उल्लंघन माना जाएगा।
- पेनॉल्टी-कॉर्नर के समय पाँच खिलाड़ी गोल-रेखा के पीछे खड़े रहते हैं। इससे ज्यादा खिलाड़ी गोल-रेखा के पीछे खड़े नहीं हो सकते, अन्यथा उल्लंघन का चार्ज लगेगा।

- गोल-रेखा के पीछे खड़े रहनेवाले खिलाड़ी रक्षक की भूमिका में होते हैं। ये इस स्थिति में अपनी स्टिक एवं पैर गोल-रेखा के पीछे रखते हैं।
- पेनॉल्टी-कॉर्नर में गेंद को हिट करने के नियम—
  — जब तक गेंद रोक नहीं ली जाती है।
  — जब तक गेंद अपने आप रुक न जाए।
  — जब तक गेंद किसी खिलाड़ी की स्टिक को छू न ले, तब तक गेंद को हिट नहीं किया जा सकता है।
- यदि गेंद शूटिंग-वृत्त से बाहर चली जाए, तो यह आवश्यक नहीं होता कि उसे पूरी तरह से रोका जाए।
- यदि गेंद शूटिंग-वृत्त से पाँच गज से ज्यादा दूर निकल जाए, तो भी खेल जारी रहता है।
- इस दौरान कोई भी खिलाड़ी स्टिक को कंधे से ऊपर ले जाकर इसका संकेत कर सकता है। ऐसी स्थिति में उसे गेंद को रोकने की अनुमति होती है।
- पेनॉल्टी-कॉर्नर के समय यह ध्यान रखना आवश्यक है कि जो खिलाड़ी गेंद को हिट करे, तो उसे इस तरह से हिट करना चाहिए कि गेंद गोल के पीछे लगे बैक बोर्ड की ऊँचाई से अधिक नहीं उछल सके। इसके साथ-साथ यह भी याद रखें कि अगर गेंद किसी खिलाड़ी की (Stick) स्टिक अथवा शरीर से टकराकर उछल गई हो, तो यह माना जाता है कि खिलाड़ी ने नियमों का उल्लंघन नहीं किया है।

पेनॉल्टी-स्ट्रोक

- पेनॉल्टी-स्ट्रोक गोल-रेखा से सात गज की दूरी से लिया जाता है।
- पेनॉल्टी-स्ट्रोक में गेंद का बचाव सिर्फ गोलकीपर ही कर सकता है। टीम के भाग्य का फैसला अथवा यह कहें कि पूरा दारोमदार

गोलकीपर पर टिका होता है।

- पेनॉल्टी-स्ट्रोक के समय गोलकीपर स्वयं में काफी बदलाव लाता है। वह अपने हिसाब से रक्षा-उपकरणों का प्रयोग कर सकता है, अथवा रक्षा-उपकरणों को बदल सकता है। गोलकीपर चाहे तो इस दौरान अपने दास्ताने तथा हेलमेट उतार सकता है।
- स्ट्रोक के समय गेंद को किसी भी ऊँचाई तक उछाला जा सकता है।
- पेनॉल्टी-स्ट्रोक के समय शॉट के दौरान सभी खिलाड़ियों को पचीस गज रेखा से अलग खड़ा होना पड़ता है अथवा उन्हें पचीस गज रेखा से दूर खड़ा रहना चाहिए। उस दौरान किसी को भी इसमें सहयोग नहीं करना चाहिए।
- पेनॉल्टी-स्ट्रोक लगानेवाला खिलाड़ी गेंद के पास ही मौजूद रहता है।
- पेनॉल्टी-स्ट्रोक लगानेवाले खिलाड़ी को एक कदम बढ़कर हिट करने की अनुमति होती है।
- पेनॉल्टी-स्ट्रोक लगानेवाले खिलाड़ी ध्यान दें—

  — खिलाड़ी अगले पैर से आगे नहीं आएँ।

  — खिलाड़ी के भले ही पिछला पैर उठ जाए अथवा घिसट जाए।
- हालाँकि पेनॉल्टी-स्ट्रोक में गोल लगभग निश्चित सा हो जाता है। अगर स्ट्रोक करनेवाला खिलाड़ी अनुभवी, कुशल व तेज-तर्रार हो, तो वह गोल ले जाता है। दूसरी ओर गोलकीपर के बारे में भी यही कहा जा सकता है। अगर गोलकीपर अनुभवी हो, चुस्त व चौकस हो, गेंद की शैली व स्ट्रोक की गति को समझता हो, दिशा का अनुमान हो, कैचिंग पॉवर जबरदस्त हो, तो वह गोल होने से बचा सकता है अथवा गोल को टाल सकता है।
- पेनॉल्टी-स्ट्रोक रोकने से पूर्व गोलकीपर को गोल-रेखा पर खड़ा रहना चाहिए अथवा नियमानुसार गोलकीपर को इस दौरान गोल-

रेखा पर खड़ा होना पड़ता है। जब तक स्ट्रोक लगे नहीं, गोलकीपर को अपना पैर नहीं उठाना चाहिए, अन्यथा ऐसा माना जाएगा कि गोलकीपर ने खेल के नियमों का उल्लंघन किया है।

- गोल हो या न हो, पेनॉल्टी-स्ट्रोक समाप्त हो जाता है तथा सोलह गज की रेखा से फ्री-हिट कर खेल प्रारंभ कर दिया जाता है।

गेंद बाहर जाना

गोल-रेखा अथवा गोल एरिया में गेंद हिट करनेवाले खिलाड़ी की गेंद-गति, गेंद की दिशा, गेंद का बाहर जाना आदि पर खेल की दिशा निर्भर करती है। इसके कुछ निम्नलिखित नियम बनाए गए हैं—

- अगर गोल किए बिना हिट करनेवाला खिलाड़ी गेंद को गोल-रेखा के पीछे की रेखा के बाहर भेज दे, तो रक्षक खिलाड़ी को गोल-रेखा से सोलह गज की दूरी पर गोल-रेखा को पार करनेवाली जगह के सामने फ्री-हिट की आज्ञा दी जाती है।
- अगर गेंद बाहर चली गई हो, तो बाहर भेजनेवाले खिलाड़ी की विपक्षी टीम द्वारा खेल आरंभ करना चाहिए।
- विपक्षी टीम का खिलाड़ी गेंद को वहीं से आगे बढ़ाएगा, जहाँ से गेंद बाहर गई है।
- हमेशा यह ध्यान रखना चाहिए कि हिट लगाते समय गेंद स्थिर अवस्था में हो। इस दौरान कोई भी विपक्षी खिलाड़ी गेंद से कम-से-कम पाँच गज की दूरी से कम पर न हो। अन्यथा खेल-उल्लंघन माना जाएगा।
- यह भी ध्यान रखना चाहिए कि अगर पैंतीस गज की रेखा से अधिक दूरी पर रक्षा कर रहे खिलाड़ी द्वारा गेंद बाहर भेजी गई हो, तो किसी रक्षक खिलाड़ी द्वारा गेंद को सोलह गज की दूरी से हिट या धकेल कर खेल पुनः आरंभ किया जा सकता है।
- अगर रक्षक खिलाड़ी, जो पचीस (25) गज की रेखा के अंदर

रहता हो, अगर उसके जरिए (हिट या स्पर्श से, किसी भी तरह से, जिसका माध्यम वह खुद होता है) गेंद गोल-रेखा को पार कर जाती है; तो विपक्षी टीम को कॉर्नर-हिट का लाभ मिल जाता है।

- लेकिन अगर यह लगे कि ऐसा जानबूझकर, सोची-समझी योजना के तहत किया गया, तो विपक्षी टीम को पेनॉल्टी-कॉर्नर का लाभ दिया जाता है। यह अंपायर के फैसले पर निर्भर करता है कि गेंद किसी प्रयोजन से खेला गया अथवा स्वाभाविक रूप से हिट किया गया है।

स्टिक संबंधित अन्य नियम

खिलाड़ी ध्यान दें—

- स्टिक के बाएँ भाग वाले समतल हिस्से से ही गेंद को हिट करें।
- सामान्य स्थिति में गेंद को शरीर के किसी हिस्से से धकेलने की कोशिश न करें। न ही शरीर से रोकने की कोशिश करें। अन्यथा आप पर खेल-उल्लंघन का चार्ज लगेगा।
- खिलाड़ी (सामान्य स्थिति में) स्टिक को कंधे से ऊपर उठाकर गेंद को दूसरे तरीके से हिट न करें।
- गोलकीपर के लिए नियमों में छूट दी गई है। वह गेंद को न केवल किक ही कर सकता है, बल्कि उसे रोकने के लिए शरीर का भी इस्तेमाल कर सकता है।
- अगर गेंद गोल के शूटिंग-वृत्त (Circle) में हो, तो उसे हाथ से धकेला नहीं जा सकता है।
- नियमों के अनुसार गेंद को खतरनाक ढंग से उछाला नहीं जा सकता, अन्यथा खेल-नियमों का उल्लंघन माना जाएगा।
- गेंद एवं विपक्षी खिलाड़ी के बीच किसी खिलाड़ी को आकर खेल में बाधा पहुँचाने की कोशिश नहीं करनी चाहिए। अन्यथा उक्त खिलाड़ी पर खेल-नियमों के उल्लंघन का चार्ज लगेगा।

- हाँ, खिलाड़ी अपने प्रतिद्वंद्वी के बाईं ओर से गेंद छीनने की कोशिश कर सकता है, लेकिन इसके लिए भी व्यवस्था दी गई है। अगर कोई खिलाड़ी ऐसा करता है, तो उसे निम्न बातों का ध्यान रखना चाहिए—

— विपक्षी खिलाड़ी की स्टिक से खिलाड़ी की स्टिक हर हाल में नहीं फँसनी चाहिए अर्थात् विपक्षी खिलाड़ी हर हाल में खुद को कंफर्टेबल स्थिति में पाए।

— खिलाड़ी विपक्षी खिलाड़ी को किसी प्रकार से शारीरिक हानि जैसे चोट, मोच आदि नहीं पहुँचा सकता है।

— खिलाड़ी को हर पल अपने एंगल का ध्यान रखना चाहिए।

— अगर प्रतिद्वंद्वी से गेंद छीनने की कोशिश करनेवाला खिलाड़ी इन बातों का ध्यान नहीं रख पाता है, तो उस पर दंडात्मक काररवाई की जा सकती है।

ऐसा करना मना है

- खिलाड़ी को अपने विपक्षी खिलाड़ी की स्टिक में स्टिक फँसाना।
- विपक्षी खिलाड़ी की स्टिक पर हिट करने की कोशिश।
- विपक्षी खिलाड़ी को पकड़ना अथवा विपक्षी की स्टिक को फँसाना या पकड़ना।
- विपक्षी खिलाड़ी को पकड़कर किक करना।

विपक्षी खिलाड़ी पर आक्रमण करना, आदि नियमों के उल्लंघन में दंड की व्यवस्था दी गई है; जो इस प्रकार है—

- यदि ऊपर दिए गए किसी नियम का उल्लंघन शूटिंग-वृत्त से बाहर किया गया हो, तो जहाँ उल्लंघन बनता है; वहीं से विपक्षी टीम को फ्री-हिट का लाभ दिया जाता है।
- यदि कोई क्षेत्ररक्षक पचीस गज रेखा के अंदर किसी प्रकार का उल्लंघन करता पकड़ा गया (यदि अंपायर को लगता है कि खिलाड़ी

ने जानबूझकर ऐसा किया है), तो विपक्षी टीम को पेनॉल्टी-कॉर्नर का लाभ दिया जाता है।

- यदि आक्रमणकारी खिलाड़ी क्षेत्ररक्षकों के सोलह गज के शूटिंग-वृत्त के अंदर ऐसा करता है, तो इस उल्लंघन पर रक्षक खिलाड़ियों की शूटिंग- वृत्त के बाहर से फ्री-हिट दी जाएगी।
- यदि शूटिंग या स्ट्राइकिंग वृत्त में रक्षक खिलाड़ियों ने नियमों का उल्लंघन किया हो, तो पेनॉल्टी-स्ट्रोक अथवा पेनॉल्टी-कॉर्नर दिया जाता है।
- अगर अंपायर को ऐसा लगता है कि गोल हो रहा था, लेकिन उसे अवैध तरीके से रोक दिया गया, तो वह पेनॉल्टी-स्ट्रोक का निर्णय कर सकता है।

3

ट्विन पॉन्ड्स

फील्ड हॉकी रूल्स ऐंड रेगुलेशन

(Field Hockey Rules & Regulations)

सभी टीमें शिड्यूल के अनुसार आठ मैच खेलेंगी। खेल की अवधि तेईस-तेईस मिनट की होती है। इसको दो भागों में खेला जाता है। दो मिनट का मध्यांतर होता है। यदि कोई टीम निर्धारित समय के दस मिनट के भीतर खेल आरंभ नहीं करती है, तो टीम पर दंडात्मक शुल्क लगाया जाएगा (रेफरी शुल्क)। स्कोर भी विपक्षी टीम के खाते में 3-0 से जमा किया जाएगा।

खेल की शुरुआत

घरेलू टीम सेंटर पास लेती है। विपक्षी टीम (बाहरी टीम) डायरेक्शन चुनती है। खेल आरंभ होने के समय गेंद को मध्य भाग से पीछे की ओर पास करके किया जाता है, यानी सामान्य खेल नियम लागू होता है। इस दौरान कोई भी खिलाड़ी, जब तक गेंद गति में नहीं आ जाती है, मिडफील्ड रेखा को पार अथवा अतिक्रमण नहीं करेगा।

खिलाड़ियों की संख्या

- प्रत्येक टीम में पाँच क्षेत्ररक्षक (फील्ड प्लेयर्स) खिलाड़ी होंगे। इस

तरह पाँच फील्ड प्लेयर्स + एक गोलकीपर यानी कुल छह बनाम छह।

- टीम बगैर गोलकीपर के भी खेल सकती है। ऐसी स्थिति में छठा खिलाड़ी भी क्षेत्ररक्षक हो सकता है अर्थात् यह टीम पर निर्भर करता है कि वह छठे खिलाड़ी के रूप में गोलकीपर अथवा फील्ड प्लेयर में से किसका चुनाव करती है। बहरहाल, सभी नियम क्षेत्ररक्षक खिलाड़ी के तौर पर खेलनेवाले छठे खिलाड़ी पर भी लागू होंगे।
- टीम चाहें तो न्यूनतम तीन फील्ड प्लेयर्स + एक गोलकीपर के साथ खेल सकती है।
- प्रत्येक टीम रजिस्ट्रेशन के समय गेम प्रबंधन हेतु रोस्टर उपलब्ध कराएगी।

पोशाक–साज सामान

- खिलाड़ियों को शिन गार्ड्स (Shin guards) तथा माउथ गार्ड्स (Mouth guards) पहनना आवश्यक होता है।
- खिलाड़ी को समान रंग की शर्ट पहनना चाहिए। शर्ट के पृष्ठ भाग में खिलाड़ी का नंबर अंकित रहना चाहिए।
- ये नंबर टीम रोस्टर पर नंबर से मैच होने चाहिए।
- सभी खिलाड़ी मोल्डेड रबर सोल के क्लीट्स (Cleats) अथवा इंडोर शूज ही पहनेंगे।
- खिलाड़ियों को मैच के दौरान किसी तरह का कोई आभूषण या ज्वैलरी पहनना मना है।
- गोलकीपर अपवाद है। वह वैधानिक रूप से रक्षा उपकरण पहन सकता है। उसके साज–सामान भी अलग होते हैं।
- एक्विपमेंट (Equipment) रूल्स का अतिक्रमण करनेवाले खिलाड़ी को खेलने की अनुमति नहीं दी जाएगी।

सब्सटिट्युटंस (Substitutions)

सब्सटिट्यूशन को हिंदी में प्रतिस्थापन कहते हैं। प्रतिस्थापन की अनुमति

टीम को उसके खिलाड़ी की 'फ्लाय' (fly) की स्थिति में तब दी जाती है, जब दस याड्र्स (उसके बेंच क्षेत्र के अंतर्गत) के अंतर्गत संपन्न होता है। प्रतिस्थापन का खिलाड़ी हटाए गए खिलाड़ी के बेंच क्षेत्र के पाँच याड्र्स के अंतर्गत रहता है।

- मैच के दौरान फ्लिक्स व स्कूप्स (Flicks and Scoops) की अनुमति नहीं दी जाती है।
- फ्री-हिट (वैधानिक स्ट्रोक = पुश)
  (दोनों टीमें गेंद से पाँच याड्र्स के फासले पर होंगी)
- गेंद की उछाल को खतरनाक माना जाता है। यह नियम का उल्लंघन माना जाएगा।

पेनॉल्टी-कॉर्नर

- पेनॉल्टी-कॉर्नर में तीन रक्षक तथा गोलकीपर को रक्षण की अनुमति प्राप्त होती है।
- सभी दूसरे रक्षक खिलाड़ी हाफ-वे लाइन (रेखा) के पीछे खड़े रहते हैं। आक्रमणकारी टीम को वृत्त के बाहर तथा रेखा के पीछे रहना चाहिए। रक्षक टीम के खिलाड़ियों को गोल-रेखा के पीछे रहना चाहिए। ये पंक्तिबद्ध होंगे।
- आक्रमणकारी टीम के खिलाड़ी के 'फाउल' पकड़े जाने पर रक्षक टीम को फ्री-हिट का लाभ दिया जाता है। ये वृत्त के शीर्ष से फ्री-हिट खेलेंगे, जबकि रक्षक टीम के द्वारा 'फाउल' की स्थिति में इसे कॉर्नर से लिया जाएगा।
- रेफरी अपने हाथ के इशारे से 'कॉर्नर-प्ले' संचालित करता है।

पेनॉल्टी-स्ट्रोक

- आक्रमणकारी खिलाड़ी गेंद को पेनॉल्टी-स्ट्रोक रेखा से खेलता है अथवा हिट करता है।

- गेंद को हिट करने से पूर्व रेफरी आक्रमणकारी खिलाड़ी तथा गोलकीपर से पूछता है कि क्या वे तैयार हैं? सबसे पहले वह गोलकीपर को अलर्ट करता है। संतुष्ट होने पर रेफरी व्हिसल के साथ स्ट्रोक की अनुमति प्रदान करता है।
- रेफरी द्वारा 'रेडी' (Ready) की आवाज के साथ ही गोलकीपर गोल-रेखा पर चौकस नजर आता है।
- आक्रमणकारी खिलाड़ी (स्ट्रोकर) के द्वारा 'फाउल' की स्थिति में रक्षक टीम को फ्री-हिट का लाभ दिया जाता है।
- यदि गोलकीपर ने 'फाउल' किया हो, तो पुनः स्ट्रोक की अनुमति विपक्षी टीम को दी जाती है।

नोट—मान्य व वैधानिक स्ट्रोक्स हैं—पुश, फ्लिक या स्कूप।

स्कोरिंग

- पेनॉल्टी-कॉर्नर्स से होनेवाले गोल। (मान्य)
- पेनॉल्टी-स्ट्रोक्स से होनेवाले गोल। (मान्य)

ट्विन पॉन्ड्स गोल मार्जिन (Twin Ponds Goal Margin)

किसी भी टीम की जीत अथवा हार का आधार केवल 10-गोल मार्जिन से ही संचालित होता है। यदि किसी टीम ने दस गोल से ऊपर स्कोर कर लिया है, तो अंतर (गोलों की संख्या) को विजयी टीम के संपूर्ण गोल अंकों से घटाया जाएगा, जब तक कि 10 गोल मार्जिन का सिद्धांत स्थापित नहीं हो जाता।

फाउल्स तथा अनुशासनहीनता

निम्नलिखित स्थितियों में 'फाउल्स' की स्थिति बनती है—

- जब खिलाड़ी स्ट्राइक, स्ट्राइक की कोशिश, ट्रिप, ट्रिप के प्रयास, पुश (धकेलना), पकड़ना, चार्ज, ओब्सट्रक्ट (Obstruct), खतरनाक खेल, उछाल आदि के क्रम में शरीर अथवा स्टिक का प्रयोग करता है।

- यदि खिलाड़ी मैच के दौरान अपशब्दों का प्रयोग करता हो अथवा विपक्षी खिलाड़ी के साथ हिंसात्मक रूप से पेश आता हो आदि को खिलाड़ी की अनुशासनहीनता के रूप में देखा जाता है। इसके लिए खिलाड़ी पर चार्ज लगाया जाएगा। सबसे पहले ऐसे खिलाड़ी को चेतावनी दी जाती है (हरा, पीला, लाल कार्ड दिखाकर)।
- यदि रेफरी ने पीला कार्ड दिखाया है, तो इसका अर्थ यह होता है कि उक्त खिलाड़ी को तीन मिनट तक खेलने से रोका जाएगा।
- यदि खिलाड़ी को लाल कार्ड दिखाया जाता है, तो इसका अर्थ यह होता है कि उक्त खिलाड़ी को खेल से निलंबित कर दिया गया है, यानी वह जारी मैच को नहीं खेल पाएगा। बाद में गेम मैनेजमेंट विचार करता है और यह भी संभव है कि खिलाड़ी को अगले शिड्यूल में भी जगह नहीं मिल सके।
- मैच के दौरान कोई भी खिलाड़ी, उस सत्र के दौरान एक सत्र में तीन बार पीला काडर्स का सामना करता है, उसे शेष सत्र के मैच खेलने से रोका जा सकता है अर्थात् शेष सत्र के लिए उसे टूर्नामेंट्स से निष्कासित कर दिया जाएगा।

खेल प्रबंधन के अधिकार

- खेल प्रबंधन को यह अधिकार है कि वह किसी भी खिलाड़ी को खेल से निष्कासित कर सकता है।
- खेल-प्रबंधन कोच या स्पेकटैटर (Spectator) को भी खेल क्षेत्र से बाहर कर सकता है।
- खेल-प्रबंधन ट्विन-पॉन्ड्स के किसी भी इवेंट में खिलाड़ी, कोच, अधिकारी वर्ग को पार्टिसिपेट (भागीदारी) करने से रोक सकता है।
- निकाले गए व्यक्ति किसी भी मुआवजा के पात्र नहीं बनेंगे।

4

हॉकी : खेल क्षेत्र

यहाँ हॉकी गोल पोस्ट की सामान्य माप दी जा रही है—

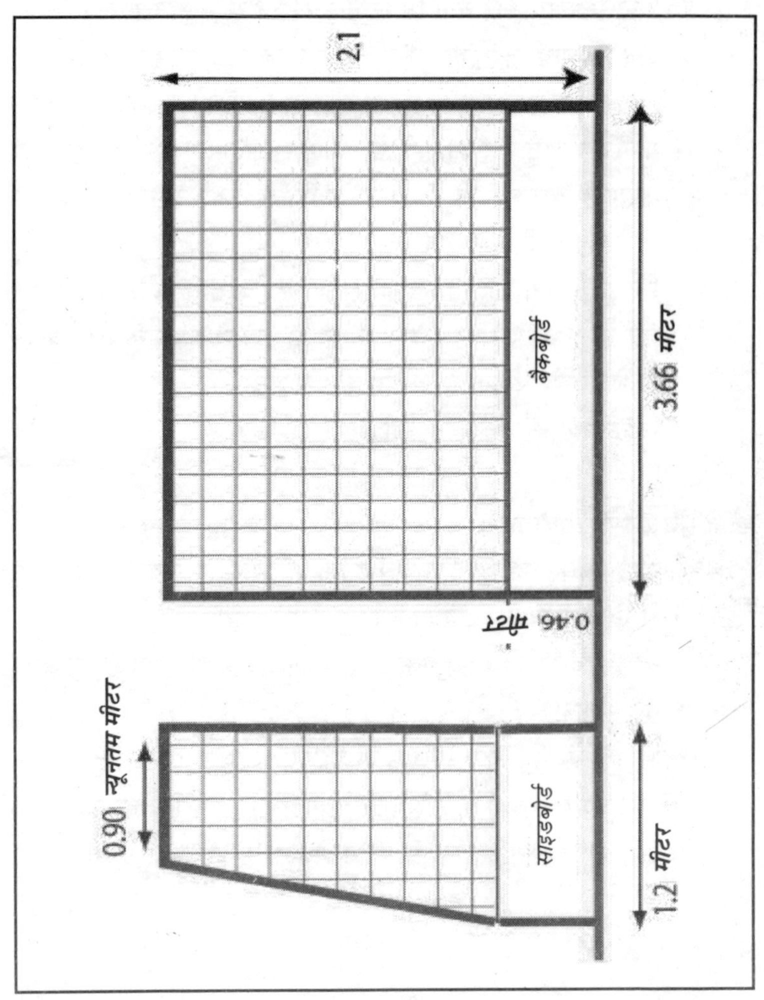

हॉकी के मैदान की माप

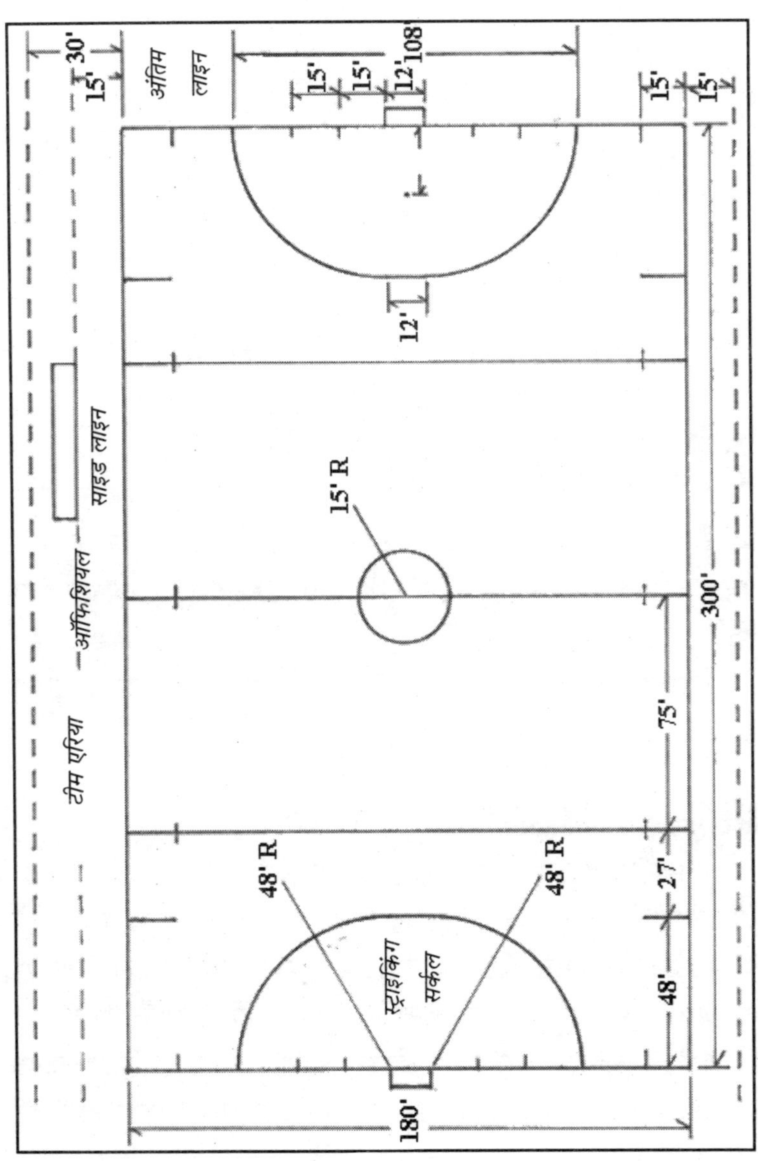

टीम एरिया
ऑफिशियल
साइड लाइन
अंतिम लाइन
स्ट्राइकिंग सर्कल
15' R
48' R
48' R
30'
15'
15'
15'
12'
108'
12'
15'
15'
300'
75'
27'
48'
180'

5

हॉकी खेल के मूल कौशल

हॉकी खेल के अपने तरीके हैं। इसलिए खेल को खेलने के अपने ढंग हैं, प्रत्येक शैली अथवा कौशल का महत्त्व है। एक हॉकी खिलाड़ी को खेल कौशलों का ज्ञान व अभ्यास होना चाहिए। तभी वह इस खेल में पारंगत हो सकता है। हॉकी खेल में कुछ विभिन्न तकनीकें भी अपनाई जाती हैं।

यहाँ पेश हैं खेल के कुछ मूल कौशल, जो आपके लिए जानना जरूरी है—

ड्रिबलिंग (Dribbling)

सबसे पहले हॉकी में ड्रिबलिंग को लेते हैं। ड्रिबलिंग (Dribbling) का सामान्य अर्थ है—लुढ़काना या बढ़ाना या आगे बढ़ते जाना। यह किसी भी हॉकी खिलाड़ी का मूल कौशल है। हॉकी खेल की भाषा में कहें, तो ड्रिबलिंग का अर्थ है, गेंद को हल्के स्पर्शों व टप्पों द्वारा आगे ले जाना। किसी भी खिलाड़ी के लिए इस कौशल को सीखना जरूरी होता है, क्योंकि खिलाड़ी की खेल में सफलता व निपुणता की आधी सफर तो अकेले ड्रिबलिंग से ही पूरी हो जाती है।

ड्रिबलिंग के लिए फॉरहैंड ड्रिबलिंग का तरीका काफी प्रचलित है।

इस पद्धति में हथेली को बाहर की तरफ किया जाता है, फिर गेंद को हिट किया जाता है। इसके लिए बायाँ हाथ स्टिक के ऊपर रहता है, जबकि दायाँ हाथ हैंडल के नीचे होता है, ताकि उस पर नियंत्रण रह सके।

गेंद हमेशा दाईं तरफ सामने की स्थिति में होनी चाहिए। न ही यह ज्यादा दूर होनी चाहिए। अन्यथा गेंद पर नियंत्रण नहीं रह पाएगा। गेंद को दाएँ हाथ से धीरे-धीरे थपकी देनी चाहिए। इसके साथ ही इसे हल्के स्पर्शों व हाथों के द्वारा आगे ले जाना चाहिए।

बॉल को हिट करना

बॉल को हिट करने (मारने) की तकनीक होती है। जब आप गेंद को हिट करें या जब आप गेंद को मारने जा रहे हैं, तो भुजाओं को ढीला छोड़ दें। इससे आप तेजी से शॉट लगा सकेंगे। जब आप गेंद पर प्रहार करें, तो शुरू से आखिर तक अपने शरीर का भार बाएँ पैर पर ही बनाए रखें।

गेंद को हिट करने की तकनीकी जानकारियाँ यहाँ दी जा रही हैं। उन्हें खिलाड़ी को ध्यान में रखना चाहिए तथा कोच से आवश्यक ज्ञान प्राप्त करके कौशल का अभ्यास करना चाहिए।

- **जब आप बॉल को बाएँ हाथ से हिट करते हैं**

बाईं तरफ से प्रहार करना हमेशा आसान होता है। इसके लिए स्टिक को बॉल की तरफ मोड़िए अथवा आप अपने पैरों को बॉल की दिशा में मोड़ सकते हैं।

- **जब आप बॉल को दाएँ हाथ से हिट करते हैं**

दाईं तरफ से प्रहार करना हमेशा मुश्किल होता है। यह काफी कठिन काम है, क्योंकि इस तरीके से प्रहार करने पर शरीर तथा पैरों के साथ संबंध बनाने की जरूरत होती है, पर हॉकी प्लेयर को इस तकनीक का ज्ञान होना बहुत जरूरी है। आप इसका खूब अभ्यास करें। केवल अभ्यास व लगन से ही इस तकनीक पर विजय प्राप्त की जा सकती है। एक परिपक्व खिलाड़ी इस तकनीक में जरूर कुशल व दक्ष होता है।

इस कौशल में सफलता हासिल करने के लिए आवश्यक बातें—

- खिलाड़ी गेंद के साथ शरीर के अंगों, जैसे सिर, बाहों तथा पैरों को मजबूती से मोड़ सकें।
- दाएँ कंधे को पीछे की तरफ खींचें।
- बाएँ कंधे को आगे की तरफ ले जाएँ।

ऑफ द रॉन्ग फुट (Of the Wrong Foot)

हॉकी के मैचों में आपने ऑफ द रॉन्ग फुट (of the wrong foot) शब्द का इस्तेमाल होते सुना होगा। जब टी.वी. पर हॉकी मैचों का प्रसारण होता है, तो कमेंट्री करनेवाले व्यक्ति के मुँह से आपने ऐसे शब्दों का इस्तेमाल होते सुना होगा। दरअसल लंबे खिलाड़ी स्ट्रोक लगाने के लिए गलत पैर का इस्तेमाल कर देते हैं। इस स्थिति में मारना इतना सरल नहीं होता है। इसमें काफी सावधानी की जरूरत होती है। साथ ही बार-बार अभ्यास की जरूरत होती है। भीड़ से भरे घेराव में पैर को पुनः उसी स्थिति में लाने का समय नहीं होता कि विरोधी खिलाड़ी से पहले गेंद छीनी जा सके।

फ्लिक (Flick)

वास्तव में फ्लिक एक ऐसा स्ट्रोक होता है, जो पर्वतोमुखी होता है। फ्लिक में बॉल को फ्लिक किया जाता है अर्थात् इसको जोर से हवा में उछाला जाता है। यह बॉल उछालने का खास प्रेशर अथवा दबाव होता है। यही कारण है कि

बॉल को धकेलने तथा बॉल को फ्लिक करने में काफी अंतर होता है। गेंद को धकेलने में हलके दबाव या हलके स्पर्श की जरूरत होती है, जबकि फ्लिक में जोर का झटका लगाया जाता है।

फ्लिक लगाते समय खिलाड़ी को इस बात का पूरा खयाल व सावधानी रखनी चाहिए कि गेंद को मैदान के ऊपर दाईं कलाई से क्रिया करते हुए ही उठाएँ, क्योंकि फ्लिक का नियम भी यही है।

खिलाड़ी ध्यान दें—जब गेंद को दूसरे खिलाड़ी तक पहुँचाने के लिए इस्तेमाल में लाया जाता है, तब हवा में उसकी ऊँचाई एक फीट से ज्यादा नहीं होनी चाहिए।

हॉकी के खेल में फ्लिक करने के कई और अवसर व तरीके हैं, जैसे गेंद को फ्लिक कर उसे सीधा रखना, भागते समय गेंद को फ्लिक करना, विपरीत स्टिक फ्लिकिंग आदि। आइए इनके बारे में जानते हैं—

गेंद को फ्लिक कर उसे सीधा रखना

इसमें खिलाड़ी अपने पैरों पर बहुत नीचे की तरफ झुकते हुए जैसे ही स्टिक को आगे तथा ऊपर की तरफ खींचने की कोशिश करता है, वैसे ही वह हाथों के नीचे तेजी से गेंद को आगे कर देता है। इस तरह से गेंद टप्पा खाते हुए आगे बढ़ जाती है। इस तरह की सुनियोजित गति के लिए सही समय का होना बहुत जरूरी होता है।

भागते समय गेंद को फ्लिक करना

इसमें बायाँ हाथ, दाएँ हाथ के संपर्क में रहता है, ताकि इस तरह से स्टिक को आवश्यकतानुसार एक हाथ से दूसरे हाथ में ट्रांसफर किया जा सके।

इसमें स्टिक तथा शरीर की गति का समन्वय बहुत जरूरी होता है, क्योंकि ऐसा नहीं होने पर बॉल को लक्ष्य तक नहीं ले जाया जा सकता है। अगर स्टिक व शरीर की गति का समन्वय रहता है, तो कंधों तथा भुजाओं की मदद से गेंद को ऊपर उठाया जा सकता है।

विपरीत स्टिक फ्लिकिंग

विपरीत स्टिक फ्लिकिंग के लिए खिलाड़ी को निम्न बातों का ध्यान रखना चाहिए—

- गेंद को विपरीत दिशा में रखते हुए सामान्य रूप से बायाँ पैर आगे की तरफ रखें।
- यह शरीर का संतुलन बनाने के लिए आवश्यक है।
- खिलाड़ी के सिर की स्थिति गेंद के ऊपर की तरफ होनी चाहिए।
- बाएँ हाथ से गेंद को लाइन के ऊपर से धकेलें। यह इसी के लिए प्रयोग होता है।

स्कूप (Scoop)

स्कूप एक प्रकार के स्ट्रोक को ही कहते हैं। इसके अंतर्गत स्टिक के चपटे भाग से गेंद पर प्रहार किया जाता है, ताकि इसको ऊपर उछाला जा सके। इसका प्रयोग विरोधी टीम के खिलाड़ी के गेंद की चाल में अवरोध उत्पन्न करने से बचाने के लिए किया जाता है।

स्कूप को तीन तरीकों से खेला जाना चाहिए—

1. विपरीत किनारे से
2. सामने से
3. फॉरहैंड किनारे से।

पासिंग (Passing)

सामान्य रूप से पासिंग का अर्थ होता है, गेंद को दूसरे खिलाड़ी तक पहुँचाना। जब हॉकी खिलाड़ी मैच के दौरान गेंद को अपने साथी को पास करे, तो यह कहा जाता है कि खिलाड़ी ने गेंद को पास दिया है। किसी भी खेल में पासिंग का बड़ा महत्त्व है, क्योंकि इसके जरिए ही खेल में सुधार व रफ्तार आती है।

गेंद को एक समूह से दूसरे समूह को देने के कई तरीके होते हैं। उनमें से कुछ का उल्लेख यहाँ किया जा रहा है—

सीधा पास—इसके अंतर्गत अपने साथी खिलाड़ी की गेंद को (जो पास के जरिए उस तक पहुँचाया जाता है) अपने नियंत्रण में रखने के लिए कुछ खास मेहनत की जरूरत नहीं होती है। थोड़ी सी कवायद करने मात्र से ही गेंद पर नियंत्रण हो जाता है।

इस पार से उस पार—इसके अंतर्गत खिलाड़ी को गेंद पर नियंत्रण रखने के लिए खाली जगह की जरूरत होती है, ताकि वह तेजी से आती हुई गेंद को बिना रोके या स्लो (Slow) किए अपने अधिकार में कर सके।

गेंद को एक कोने से दूसरे कोने तक भेजना—जब ऐसा लगता है कि विरोधी टीम का खिलाड़ी गेंद को मनचाहे ढंग से इस्तेमाल कर रहा है अथवा गेंद पर उसका पूरा नियंत्रण रहता है, गेंद को लेकर तेजी से भाग रहा है, तो उस खिलाड़ी को डिस्टर्ब अथवा अनबैलेंस्ड करने हेतु तेजी से शॉट लगाया जाता है। इसमें खिलाड़ी मैदान के एक कोने से दूसरे कोने तक गेंद को एक ओर से दूसरी ओर भेजता है।

विपरीत—इसके अंतर्गत खिलाड़ी गेंद को विपरीत दिशा में पास देता है। गेंद को दूसरे खिलाड़ी तक पहुँचाने का यह सबसे ज्यादा अपेक्षित तरीका है। हॉकी खिलाड़ी जिस तरफ मूव कर रहा होता है, वहाँ से वह अपनी विपरीत दिशा में पीछे की तरफ बाएँ भाग में शॉट लगाता है। ऐसे शॉट के लिए ज्यादा जगह की जरूरत होती है।

प्रतिद्वंद्वी खिलाड़ी से बॉल छीनना

इसे भी एक कुशल तकनीकी के अंतर्गत ही शुमार किया जा सकता है, क्योंकि विरोधी टीम के खिलाड़ी से बॉल छीनना इतना सहज नहीं होता है। खासकर उस अवस्था में जब सामनेवाला खिलाड़ी अनुभवी व दक्ष हो।

खेल विशेषज्ञों के अनुसार अगर खिलाड़ी अनुभवी नहीं है तथा खेल परिस्थितियों पर उसका नियंत्रण नहीं है, तो उसके लिए यह सब करना आसान नहीं होता है।

गेंद को विरोधी से छीनने के कुछ तरीके ये भी हो सकते हैं—

लुंज (Lunge)—लुंज को अचानक से किया गया झपट्टा भी कहते हैं। इसके लिए खिलाड़ी अपने बाएँ पैर को गेंद की तरफ बढ़ाकर गेंद पर अचानक से झपट्टा मारता है। इस तरीके का इस्तेमाल आमतौर पर उस समय खिलाड़ी करता है, जब गेंद विरोधी पक्ष के किसी कुशल खिलाड़ी के

नियंत्रण में रहती है, तो उसको डिस्टर्ब करना अथवा गेंद पर से उसका नियंत्रण हटाना आवश्यक हो जाता है। लुंज के द्वारा आप इस लक्ष्य को प्राप्त कर सकते हैं।

मानक विपरीत दिशा से गेंद छीनना—खिलाड़ी विपरीत दिशा से स्टिक को पकड़कर गेंद को बाएँ हाथ से छीन सकता है या फिर वह अपने बाएँ पैर को आगे की तरफ बढ़ाकर विरोधी खिलाड़ी से गेंद छीन सकता है। यह मान्य है।

- गेंद पर अपना अधिकार या नियंत्रण कर लेने के बाद खिलाड़ी को गेंद आगे की तरफ लेकर जाना चाहिए।
- खिलाड़ी अगर चाहे तो गेंद को हलके स्पर्शों से टप्पों के द्वारा भी आगे बढ़ा ले जा सकता है।

धकेलना—बाएँ पैर को मजबूती से आगे बढ़ाया जाता है, बाएँ कंधे तथा भुजा को बाहर की तरफ खींचा जाता है, उस तरह से गेंद पर हमला किया जाता है।

गेंद को संगृहीत करना

निम्नलिखित तरीके से गेंद को संगृहीत किया जा सकता है—

सामने से फॉरहैंड—विपरीत स्टिक खेलते समय हमेशा फॉरहैंड से गेंद को एकत्र करना अधिक पसंद किया जाता है।

- गेंद को शरीर के दाएँ भाग में रखा जाता है तथा उसे अगला टर्न दिया जाता है।
- गेंद को सावधानीपूर्वक रास्ते से हटा दिया जाता है।

सामने से विपरीत स्टिक—इसके अंतर्गत खिलाड़ी दाएँ पैर को आगे की तरफ रखता है तथा स्टिक को पीछे की ओर चलाता है। खिलाड़ी का एक ही लक्ष्य होता है, इस तरह से वह गेंद को शरीर की बाईं ओर ब्लेड के साथ रख सके।

बाएँ भाग के पीछे से—इसमें गेंद को प्राप्त करनेवाला खिलाड़ी गेंद

को अपने फॉरहैंड से, कंधे को रेखा की सीध में रखते हुए एकत्र करता है।

दाएँ भाग के पीछे से—गेंद को दाएँ पैर के पास रखा जाता है या लाया जाता है। इस समय खिलाड़ी के शरीर का यह पोजीशन रहता है। उसका बायाँ कंधा आगे रहता है। खिलाड़ी के पैर निरंतर चलते रहते हैं।

थ्रू-पास

आक्रमणकारी खिलाड़ी का वह पास होता है, जो विपक्षी टीम की रक्षा पंक्ति को भेदकर निकल जाता है और आक्रमणकारी खिलाड़ी के साथी द्वारा भागकर प्राप्त किया जाता है। यह थ्रू-पास कहलाता है।

डॉज

हॉकी में डॉज का प्रयोग तब किया जाता है, जब एक खिलाड़ी सामने से बॉल को कब्जा करने के लिए आता है।

6

नॉक आउट प्रतियोगिताएँ

इस प्रतियोगिता में भाग लेनेवाली टीमों में से जो टीम प्रतियोगिता के किसी भी चरण में हार जाती है, वह प्रतियोगिता से बाहर हो जाती है।

नॉक आउट प्रतियोगिताओं में केवल विजयी टीमें ही आपस में खेलती हैं। आखिर में एक टीम बच जाती है, जिसे विजेता घोषित किया जाता है।

नॉक आउट में मैचों का निर्धारण Draw of Lots के जरिए होता है। किसी भी टीम को मैच निर्धारित समय व क्रम से खेलना होता है।

नॉक आउट प्रतियोगिताएँ कई प्रकार की होती हैं, उनमें मुख्य रूप से एकल नॉक आउट प्रतियोगिताएँ तथा युगल या डबल नॉक आउट टूर्नामेंट्स प्रमुख हैं।

एकल या सिंगल नॉक आउट प्रतियोगिताएँ

इसके अंतर्गत पहली बार में ही टीमें हारने के बाद प्रतियोगिता से बाहर हो जाती हैं।

डबल या युगल नॉक आउट प्रतियोगिताएँ

इसमें अगर कोई टीम पहली बार में हार जाती है, तो उस टीम को दोबारा मौका दिया जाता है। अगर दूसरी बार भी टीम हार गई, तो उसे

प्रतियोगिता से बाहर कर दिया जाता है। इस प्रतियोगिता के अंत में केवल एक टीम रह जाती है, जिसे दो बार न हराया गया हो।

उपरोक्त दोनों मुख्य प्रतियोगिताओं के अलावा 'कंसोलेशन टाइप टूर्नामेंट्स' (Consolation Type Tournaments) तथा 'बैगनाल वाइल्ड प्रतियोगिताएँ' (Begnall Wild Tournaments) भी होती हैं।

कंसोलेशन टाइप टूर्नामेंट्स (Consolation Type Tournaments) के अंतर्गत एक टीम को एक बार हारने के पश्चात् दूसरी बार भी खेलने का मौका दिया जाता है। इस प्रकार की प्रतियोगिताएँ नॉक आउट प्रतियोगिताओं से बेहतर होती हैं।

यह सच है कि इस तरह की प्रतियोगिताएँ डबल नॉक आउट से भिन्न होती हैं, लेकिन ऐसी प्रतियोगिताओं के आयोजन से टीमों को सशक्त होने के अवसर मिलते हैं, क्योंकि इसमें जो टीम हार जाती है, उसे दूसरी बार उठने का मौका दिया जाता है और हारी हुई टीम जब दूसरी बार खेलती है; तो उसे जीतने के लिए ही खेलना होता है। इस तरह टीम में जान लौट आती है। टीम के खिलाड़ी के दिमाग में यही बात रहती है कि अगर इस बार टीम हार गई, तो प्रतियोगिता से बाहर हो जाएगी। इसलिए खिलाड़ी एकजुट होकर करो या मरो की तरह खेलते हैं। खेल काफी रोमांचक हो जाता है। दर्शकों को ऐसे खेलों में काफी मजा आता है।

ये प्रतियोगिताएँ दो प्रकार की होती हैं—

1. कंसोलेशन टाइप टूर्नामेंट्स-I (Consolation Type Tournaments. I)

इसके अंतर्गत प्रत्येक टीम को दो बार खेलने का मौका दिया जाता है। प्रथम राउंड में हारने वाली टीमें आपस में खेलती हैं।

2. कंसोलेशन टाइप टूर्नामेंट्स (Consolation Type Tournaments. II)

प्रत्येक राउंड में हारी हुई टीमें आपस में खेलती हैं (प्रथम राउंड में हारी हुई टीमों समेत)। हारी हुई टीमें जब दूसरी बार खेलती हैं, तो उनके खेल में गुणात्मक सुधार आता है।

बैगनाल वाइल्ड टूर्नामेंट्स में प्रथम तीन स्थान के विजेताओं का निर्णय इस प्रकार किया जाता है—

- जो टीम प्रतियोगिता में शामिल अन्य सभी टीमों को हरा देती है, उसे प्रथम स्थान पर रखा जाता है अर्थात् प्रथम पोजीशन प्राप्त टीम काफी सशक्त होती है तथा सभी टीमों पर भारी पड़ती है। उसे विशेष दर्जा प्राप्त हो जाता है।
- दूसरे स्थान के लिए हारी हुई टीमों को काफी संघर्ष करना पड़ता है। ऐसी टीमें, जो प्रथम स्थान प्राप्त करनेवाली टीम से हारी होती हैं, आपस में मैच खेलती हैं। उनमें दूसरे स्थान पर आने के लिए होड़-सी लग जाती है। इसलिए खेल में गुणात्मक सुधार व प्रतियोगिता का रोमांच बढ़ जाता है। हारी हुई टीमों में जो टीम विजेता घोषित की जाती है, वह फाइनल मैच हारनेवाली टीम के साथ खेलती है। इस प्रकार से उनमें से जो टीम जीत जाती है, उसे दूसरा स्थान प्राप्त हो जाता है।
- तीसरे स्थान के लिए दूसरे स्थान पर आनेवाली टीम से हारनेवाली सभी टीमें आपस में नॉक आउट पद्धति से मैच खेलती हैं। इनमें से जो टीम विजयी होती है; वह फाइनल मैच में हारनेवाली टीम के साथ भिड़ती है। इनमें से जो टीम जीत जाती है, उसे तीसरे स्थान पर रखा जाता है।

ऐसी प्रतियोगिताओं में टीमों को आपस में खेलने का बार-बार मौका मिलता है। इसके साथ ही टीमों के खेल-कौशल में सुधार आता है। खिलाड़ियों को अपनी खेल कला दिखाने का अवसर प्राप्त होता है। दूसरी ओर, फाइनल मैच में हारने वाली टीम को अपना स्थान बनाने के अवसर प्राप्त होते हैं तथा इसका लाभ उठाकर वह अपनी पोजीशन प्राप्त क़र सकती है।

फाइनल मैच में हारनेवाली टीम प्रायः कोई-न-कोई स्थान प्राप्त कर ही लेती है। यह टीम को परखने का भी चरण कहा जा सकता है। दुनिया की निगाहों में अथवा स्वयं टीम की ही नजर में यह पता चल जाता है कि उनकी तैयारी किस प्रकार हुई है। प्रतिष्ठा बचाने के लिए खिलाड़ी पूरी मेहनत व कौशल से खेलते हैं।

फिक्सचर (Fixture)

नॉक आउट प्रतियोगिता के आयोजन की प्रक्रिया के फिक्सचर खेलने के क्रम को कहते हैं अर्थात् खेल की भाषा में कहें, तो इसको इस प्रकार परिभाषित किया जा सकता है—

जिस क्रम या चयन के अनुसार किसी प्रतियोगिता में टीमें खेलती हैं, उसे फिक्सचर (Fixture) कहते हैं।

फिक्सचर निर्धारित करने के लिए निम्नलिखित बातों का ध्यान रखना पड़ता है—

1. प्रतियोगिता में भाग लेनेवाली टीमों की संख्या।
2. प्रत्येक अर्द्ध में दी जानेवाली (Byes) बाइज की संख्या।
3. प्रत्येक अर्द्ध में रखी जानेवाली टीमों की संख्या।
4. प्रत्येक क्वार्टर में रखी जानेवाली टीमों की संख्या।

नॉक आउट प्रतियोगिता में जिस क्रम में टीम अपनी उपस्थिति या प्रविष्टियाँ दर्ज कराती हैं, उसी क्रम में टीमों को रखकर फिक्सचर (Fixture) तैयार किया जाता है।

अर्द्ध (Half) का चुनाव टॉस या लॉटरी द्वारा किया जाता है। बाइज (Byes) का चयन भी टॉस या लॉटरी के द्वारा किया जाता है।

फिक्सचर तालिका

इसमें टीमों के बीच होनेवाले मैचों में सारे डिटेल्स उपलब्ध कराए जाते हैं। इसके अंतर्गत, कौन सी टीम किसके साथ खेलेगी, खेल का समय, दिनांक, खेल या मैच का आयोजन स्थान आदि संपूर्ण विवरण उपलब्ध कराए जाते हैं।

प्रत्येक हाफ (Half) में कितनी टीमों को रखा जाता है

यदि टूर्नामेंट्स में भाग लेनेवाली टीमों की संख्या सम में हो, तो कुल टीमों को दो बराबर-बराबर भागों में बाँट दिया जाता है। यह काफी सरल है,

लेकिन यदि टीमों की संख्या विषम में हो, तो उन्हें दो भागों में बाँटने के लिए निम्न सूत्र का प्रयोग किया जाता है—

ऊपर के भाग में टीमों की संख्या = $\frac{N+1}{2}$

नीचे के भाग में टीमों की संख्या = $\frac{N-1}{2}$

यहाँ N का मतलब है = टीमों की कुल संख्या। मान लें कि यदि किसी प्रतियोगिता में कुल 17 टीमें (विषम) हिस्सा ले रही हैं, तो

ऊपर के भाग में टीमों की संख्या होगी —

$$\frac{N+1}{2} = \frac{17+1}{2} = \frac{18}{2} = 9 \text{ टीमें।}$$

फिक्सचर के नीचे के भाग में टीमों की संख्या =

$$\frac{N-1}{2} = \frac{17-1}{2} = \frac{16}{2} = 8 \text{ टीमें।}$$

नॉक आउट प्रतियोगिता के मैचों की कुल संख्या

प्रतियोगिता में जितनी टीमें भाग लेती हैं; उनकी कुल संख्या से एक कम मैचों का आयोजन होता है अर्थात् यदि प्रतियोगिता में कुल 14 टीमें भाग ले रही हैं; तो कुल नॉक आउट मैचों की संख्या होगी 14 - 1 = 13।

नॉक आउट प्रतियोगिता में कुल राउंड

मान लें कि प्रतियोगिता में सम अंक की टीमें भाग ले रही हैं तथा यह भी कि उनका घातांक 2^2 हो अर्थात् प्रतियोगिता में भाग लेनेवाली टीमों की कुल संख्या दो का घातांक हो, तो दो-दो का एक राउंड खेला जाता है। जैसे अगर आठ टीमें खेल रही हैं, तो दो-दो का घातांक होगा— $8\frac{2 \times 2 \times 2}{1+1+1}$

अर्थात् कुल तीन मैच आयोजित होंगे।

अब इसके दूसरे पक्ष पर आते हैं। मान लिया कि प्रतियोगिता में भाग लेने वाली कुल टीमों की संख्या दो के घातांक में न हो, तो मैचों का निर्धारण कैसे किया जाएगा। इसके लिए यह नियम बनाया गया है। अगली संख्या के आधार पर राउंड का निर्धारण किया जाता है अर्थात् मान लें कि प्रतियोगिता में भाग लेने वाली कुल टीमों की संख्या 10 हो, तो 10 के बाद 2 के घातांकवाली संख्या 16 है।

$$\frac{2 \times 2 \times 2 \times 2 = 16}{1 + 1 + 1 + 1 = 4}$$

इस प्रकार कुल 4 मैच आयोजित होंगे।

प्रत्येक क्वार्टर में टीमों की संख्या

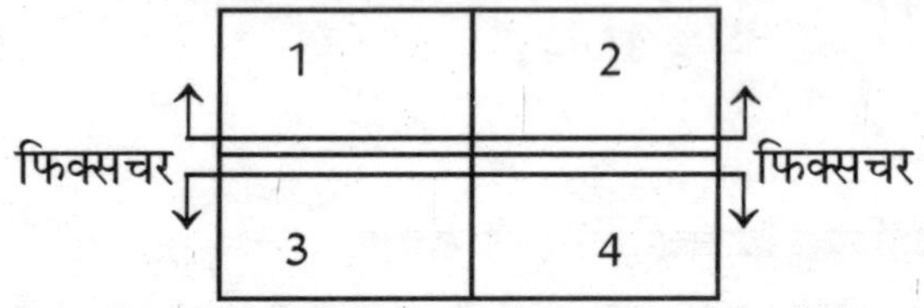

प्रत्येक प्रतियोगिता में भाग लेनेवाली टीमों को पहले दो भागों में बाँटा जाता है और प्रत्येक भाग को पुनः दो भागों में बाँट दिया जाता है। इस प्रकार सभी टीमों के चार क्वार्टर बन जाते हैं। पहला और दूसरा क्वार्टर फिक्सचर के ऊपर के भाग में तथा तीसरा और चौथा क्वार्टर फिक्सचर के नीचे के भाग में होते हैं।

फिक्सचर (Fixtures) में प्रत्येक क्वार्टर में टीमों की संख्या ज्ञात करने के लिए टीमों की कुल संख्या में चार से भाग दिया जाता है। अगर शेष कुछ नहीं बचा, तो सभी क्वार्टरों में बराबर-बराबर टीमें डाल दी जाती हैं, लेकिन अगर शेष बचा, तो उसके लिए अग्रलिखित सूत्र का प्रयोग किया जाता है—

टीमों की संख्या	शेष संख्या	I Q	II Q	III Q	IV Q
N=4n+1	1	n+1	n	n	n
N=4n+2	2	n+1	n	n+1	n
N=4n+3	3	n+1	n+1	n+1	n

मान लिया कि किसी प्रतियोगिता में कुल 17 टीमें भाग ले रही हैं, तो चारों क्वार्टरों में टीमों की संख्या इस प्रकार निर्धारित होगी–

17 ÷ 4 = भागफल 4 और शेष 1 आता है।

अब Q 1 में टीमों की संख्या होगी = n+1 = 4+1=5

इसी तरह से Q II में टीमों की संख्या होगी = n = 4 = 4

इसी तरह से Q III में टीमों की संख्या होगी = n = 4 = 4

इसी तरह से Q IV में टीमों की संख्या होगी = n = 4 = 4

कुल 17 टीमें

Q I में 5, Q II में 4, Q III में 4 तथा Q IV में 4 टीमों को रखा जाएगा और उनका कुल योग 17 होता है।

7

लीग प्रतियोगिताएँ

एक तरह से देखा जाए, तो लीग प्रतियोगिताओं में प्रत्येक टीम को अपना कौशल दिखाने का पर्याप्त अवसर मिलता है, क्योंकि लीग में भाग लेनेवाली टीमों की जीत या हार से कोई मतलब नहीं होता है। यहाँ सभी टीमों को खेलना होता है। लीग प्रतियोगिता में भाग लेनेवाली प्रत्येक टीम को प्रतियोगिता में भाग लेने वाली सभी टीमों के साथ मैच खेलना होता है। अगर टीम मैच हार भी जाती है, तो यहीं उसका समापन नहीं हो जाता है। उसे अगली टीम के साथ भी मैच खेलना होता है। इस तरह एक टीम को कई-कई टीमों के साथ मैच खेलने से टीम के परफॉर्मेंस में सुधार आता है, खेल कौशल का विकास होता है। खिलाड़ियों के अनुभव व कुशलता में इजाफा होता है। वे अपनी पिछली गलतियों से सबक लेकर भविष्य में सुधार करते हैं और हर बार उनके खेल में गुणात्मक सुधार देखने को मिलता है।

लीग प्रतियोगिताओं को Round Robin Tournament (राउंड रोबिन टूर्नामेंट) भी कहते हैं।

लीग प्रतियोगिता : प्रकार

लीग प्रतियोगिताएँ दो प्रकार की होती हैं—

1. सिंगल या एकल लीग

2. युगल या डबल लीग।

एकल लीग खेलनेवाली टीमों को प्रत्येक टीम को दूसरी टीमों के साथ एक बार मैच खेलना पड़ता है। इसमें कुल मैचों की संख्या $\frac{N(N-1)}{2}$ होती है, जहाँ
N टीमों की कुल संख्या है। उदाहरण के लिए एकल लीग में भाग लेनेवाली कुल टीमों की संख्या 5 है, तो कुल मैचों की संख्या होगी = $\frac{N(N-1)}{2}$ =

$$\frac{5(5-1)}{2} = \frac{5 \times 4}{2} = \frac{20}{2} = 10$$

डबल लीग में शामिल सभी टीमों को आपस में दो बार मैच खेलना पड़ता है। इसमें कुल मैचों की संख्या N (N–1) होती है, जहाँ N टीमों की कुल संख्या है।

ऊपर के उदाहरण में कुल टीमों की संख्या 5 है, तो कुल मैचों की संख्या होगी = N (N–1)

= 5 (5–1)

= 5 × 4 = 20

फिक्सचर

लीग प्रतियोगिताओं में फिक्सचर निर्धारित करने की निम्न तीन प्रमुख पद्धतियों का इस्तेमाल किया जाता है—

1. साइक्लिक विधि (Cyclic Method)
2. स्टेयर केस विधि (Stair Case Method)
3. टैबुलर विधि (Tabular Method)

1. साइक्लिक पद्धति (Cyclic Method)—इसके तहत निम्न बातों को निर्धारित किया जाता है—

- जब टीमों की संख्या सम होती है, तो पहली टीम को Fix रखा जाता है।
- जब टीमों की संख्या विषम होती है, तो Bye टीम को फिक्स रखा जाता है।
- अगर टीमों की संख्या सम हो, तो राउंड की संख्या कुल होगी (N–1), जहाँ N = टीमों की कुल संख्या है।
- अगर टीमों की संख्या विषम हो, तो कुल राउंड की संख्या होती है = टीमों की कुल संख्या।
- शेष टीमों को घड़ी की सुई की दिशा में (Clockwise) मुकाबला कराया जाता है।

उदाहरण के लिए 6 टीमों का फिक्सचर ज्ञात करना है, तो—

कुल मैचों की संख्या होगी = $\frac{N(N-1)}{2}$

यहाँ N = कुल टीमों की संख्या = 6

अतः $\frac{6(6-1)}{2} = \frac{6 \times 5}{2} = 5$

पुनः राउंड की संख्या = N – 1 = 6 – 1 = 5

अब फिक्सचर ऐसे तैयार होगा

प्रथम	राउंड	दूसरा	राउंड	तीसरा	राउंड	चौथा	राउंड	पाँचवाँ	राउंड
↑6	①↓	5	①	4	①	3	①	2	①
5	2	4	6	3	5	2	4	6	3
4	3	3	2	2	6	6	5	5	4

←

अब एक दूसरा उदाहरण लेते हैं, माना कि कुल टीमों की संख्या 5 (विषम) हो, तो इसका फिक्सर (Fixture) ऐसे तैयार होगा—

कुल मैचों की संख्या = $\frac{N(N-1)}{2} = \frac{5(5-1)}{2} = \frac{20}{2} = 10$

कुल राउंड होंगे = टीमों की कुल संख्या यानी 5

अतः फिक्सचर (Fixture) ऐसे होगा

प्रथम	राउंड	दूसरा	राउंड	तीसरा	राउंड	चौथा	राउंड	पाँचवाँ	राउंड
↑5	बाई	4	बाई	3	बाई	2	बाई	1	बाई
4	1	3	5	2	4	1	3	5	2
3	2 ↓	2	1	1	5	5	4	4	3

←

2. स्टेयर केस विधि (Stair Case Method)—यह ठीक सीढ़ी की तरह होता है। टीमों का गठन इस तरह से किया जाता है कि यह सीढ़ी के समान प्रतीत होता है।

स्मरणीय बातें—

1. इसमें एक तरफ एक नंबर लिखा जाता है।
2. दूसरी तरफ दूसरा नंबर लिखा जाता है।
3. एक तरफ जो नंबर लिखा जाता है, दूसरे चरण में उसमें आगे वाला नंबर लिखा जाता है।
4. दूसरी ओर शेष नंबर लिखे जाते हैं।
5. इसी क्रम में शेष सभी नंबरों को लिखा जाता है।

उदाहरण के लिए सात टीमों का फिक्सचर (Fixture) निर्धारित करना हो, तो—

कुल मैचों की संख्या होगी

$$= \frac{N(N-1)}{2} = \frac{7(7-1)}{2} = \frac{7\times 6}{2} = 21$$

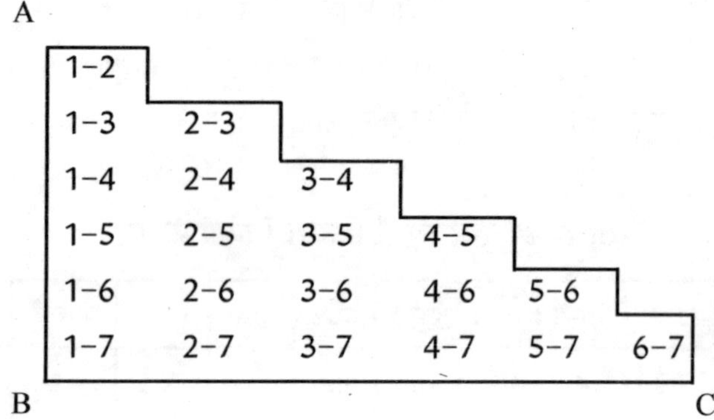

3. टैबुलर पद्धति (Tabular Method)

	A	B	C	D	E	F
A		1	2	3	4	5
B			3	4	5	2
C				5	1	4
D					2	1
E						3
F						

यहाँ टैबुलर सिस्टम से कुल 6 टीमों का सिंगल लीग फिक्सचर (Fixture) दरशाया गया है।

इस पद्धति में खानेदार वर्ग तैयार किए जाते हैं। यदि टीमों की कुल संख्या सम हो, तो वर्गों की कुल संख्या (N+1) होती है। यानी 6 टीमों के कुल वर्ग 6+1=7 हो जाते हैं।

मान लें कि यदि टीमों की कुल संख्या विषम हो, तो वर्गों की कुल संख्या हो जाएगी (N+2) जैसे अगर टीमों की कुल संख्या 7 हो, तो कुल वर्ग होंगे = 7+2=9

अब वर्गों के ऊपरी बाएँ कोने को निचली दाएँ कोने में मिला दिया

जाता है, जैसे कि उदाहरण में दरशाया गया है। सम संख्या में टीमें हों अथवा विषम संख्या में, केवल खानों की संख्या में तबदीली होती है। शेष अप्रभावित रह जाते हैं। दोनों में एक ही नियम लागू होता है।

अंत में वर्गों में टीमें रखी जाती हैं। जैसे ऊपर के उदाहरण में कुल 6 टीमें (A, B, C, D, E, F) हैं। इन्हें खानों में रखा गया है।

विजेता टीम का फैसला

प्राय: लीग प्रतियोगिताओं में विजेता टीम का फैसला तीन तरीकों से किया जाता है।

ये तीन पद्धतियाँ हैं—

1. अमेरिकन पद्धति
2. कैनेडियन पद्धति
3. ब्रिटिश पद्धति।

1. अमेरिकन पद्धति—इसके अंतर्गत विजेता टीम का फैसला करने के लिए निम्न सूत्र का सहारा लिया जाता है—

प्रत्येक टीम के अंकों का प्रतिशत

$$\left(\frac{\text{जीते गए मैच}}{\text{खेले गए मैच}} \times 100\right)$$

प्रतियोगिता के आखिर में जिस टीम के अंकों का प्रतिशत सबसे ज्यादा रहता है, वही टीम विजेता घोषित की जाती है अर्थात् सर्वाधिक अंक प्रतिशत प्राप्त टीम ही विजेता घोषित की जाती है।

2. कैनेडियन पद्धति—यह सर्वाधिक प्रचलित पद्धति है। क्रिकेट अथवा हॉकी टूर्नामेंट्स में इस पद्धति का इस्तेमाल किया जा रहा है।

कैनेडियन सिस्टम के अंतर्गत इस आधार पर खेली जानेवाली प्रतियोगिताओं में जीतनेवाली टीम को दो अंक, हारनेवाली टीम को शून्य अंक तथा मैच बराबर-बराबर (टाई) की स्थिति में दोनों टीमों को एक-एक

अंक दिया जाएगा। इस प्रकार ऐसी कोई भी टीम जो टूर्नामेंट्स के सभी मैचों के बाद शेष अन्य टीमों से अधिकतम अंक प्राप्त कर लेती है, उसी टीम को विजेता घोषित किया जाता है।

विजेता टीम अपने आप में क्वालिफाइड टीम होती है। यह उत्कृष्ट खेल का प्रदर्शन करती है। विजेता टीम के खिलाड़ी अनुभवी व कुशल होते हैं।

3. ब्रिटिश पद्धति—इस पद्धति में विजेता टीम का निर्धारण करने के लिए निम्न सूत्र का प्रयोग किया जाता है—

प्रतियोगिता में शामिल सभी टीमों को प्राप्त कुल अंक का प्रतिशत (प्राप्त किए गए अंक ÷ कुल संभव अंक × 100) निकाला जाता है।

जिस टीम का प्रतिशत प्रतियोगिता के अंत में सबसे अधिक होता है, उसी टीम को विजेता चुना जाता है।

बाइज कैसे निकाला जाता है

जब टूर्नामेंट्स में भाग लेनेवाली हॉकी टीमों की संख्या सम में न होकर विषम में हो अर्थात् टीमों की कुल संख्या विषम में हो, तो फिक्सचर तैयार करते समय बाइज का प्रयोग किया जाता है।

जिस टीम को बाइज दी जाएगी, इसका अर्थ होगा कि वह टीम प्रथम राउंड में नहीं खेलेगी। बाइज प्राप्त टीम प्रथम राउंड की विजेता हॉकी टीम के साथ मैच खेलती है।

बाइज निकालने के लिए टीमों की कुल संख्या को उससे अगली दो की घातांक संख्या में से घटाया जाता है। प्रथम संख्या कुल बाइजों की संख्या होती है।

फिक्सचर

इसके लिए निम्नलिखित सूत्र प्रयोग में लाए जाते हैं—

$$\text{फिक्सचर के ऊपर के भाग में बाइज की संख्या} = \frac{\text{कुल बाइज} - 1}{2}$$

$$\text{फिक्सचर के नीचे के भाग में बाइज की संख्या} = \frac{\text{कुल बाइज} + 1}{2}$$

नोट—यहाँ कुल बाइज की संख्या विषम में होनी चाहिए।

लॉटरी द्वारा बाइज का वितरण

प्रतियोगिता में शामिल कुल टीमों का आधार एक लॉटरी द्वारा बाइज का वितरण है। इसके लिए ये नियम दिए गए हैं—

- पहली बाई (Bye) नीचे के भाग की अंतिम टीम को दी जाती है।
- दूसरी बाई ऊपर के भाग की पहली टीम को दी जाती है।
- तीसरी बाई नीचे के भाग की पहली टीम को दी जाती है।
- चौथी बाई ऊपर के भाग की अंतिम टीम को दी जाती है।

इसी क्रम में शेष बची बाइजों का वितरण किया जाता है।

उदाहरण के लिए किसी नॉक आउट प्रतियोगिता में हॉकी की आठ टीमें भाग ले रही हैं, तो इसका फिक्सचर इस प्रकार निर्धारित किया जाएगा—

हॉकी टीमों की कुल संख्या = 8

मैचों की कुल संख्या = 8−1 = 7

फिक्सचर के ऊपर के भाग में टीमों की संख्या = 4

फिक्सचर के नीचे के भाग में टीमों की संख्या = 4

फिक्सचर के राउंड की संख्या के भाग में टीमों की संख्या = 3

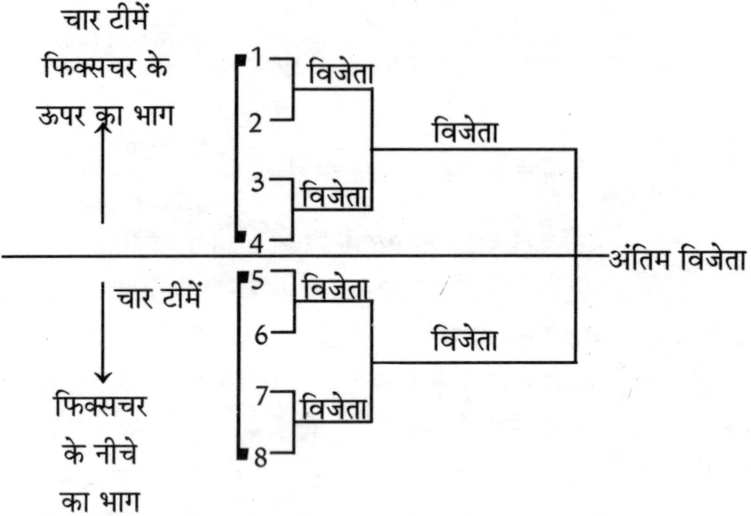

उदाहरण के लिए यदि किसी नॉक आउट टूर्नामेंट में भाग ले रही हॉकी टीमों की कुल संख्या 11 हो, तो उसका फिक्सचर ऐसे बनेगा—

हॉकी टीमों की संख्या = 11

उपरोक्त टीमों के अनुसार मैचों की संख्या 1 कम होगी

अर्थात् 11 – 1 = 10 मैच होंगे।

फिक्सचर के ऊपर के भाग में हॉकी टीमों की संख्या होगी =

$$\frac{N+1}{2} = \frac{11+1}{2} = \frac{12}{2} = 6$$

फिक्सचर के नीचे के भाग में हॉकी टीमों की कुल संख्या इस प्रकार होगी—

$$\frac{N-1}{2} = \frac{11-1}{2} = \frac{10}{2} = 5$$

राउंड की संख्या = 4

बाइज की कुल संख्या 11 टीमों का $\dfrac{\dfrac{2 \times 2 \times 2 \times 2}{1 + 1 + 1 + 1}}{\text{चक्र}}$

8 के बाद 2 के घातांक वाली संख्या 16 होती है।
अर्थात् 8 के बाद 2 के घातांक वाली संख्या है 16,
अतः 16−11 = 5 बाइजों की कुल संख्या होगी।
अब ऊपर के भाग में बाइजों की संख्या होगी

$$\frac{5-1}{2} = \frac{4}{2} = 2$$

इसी प्रकार से नीचे के भाग में बाइज की संख्या का निर्धारण करने के लिए $= \frac{5+1}{2} = \frac{6}{2} = 3$ अपनाया जाता है।

नोट : फिक्सचर (Fixture) अगले पेज पर दिया जा रहा है।

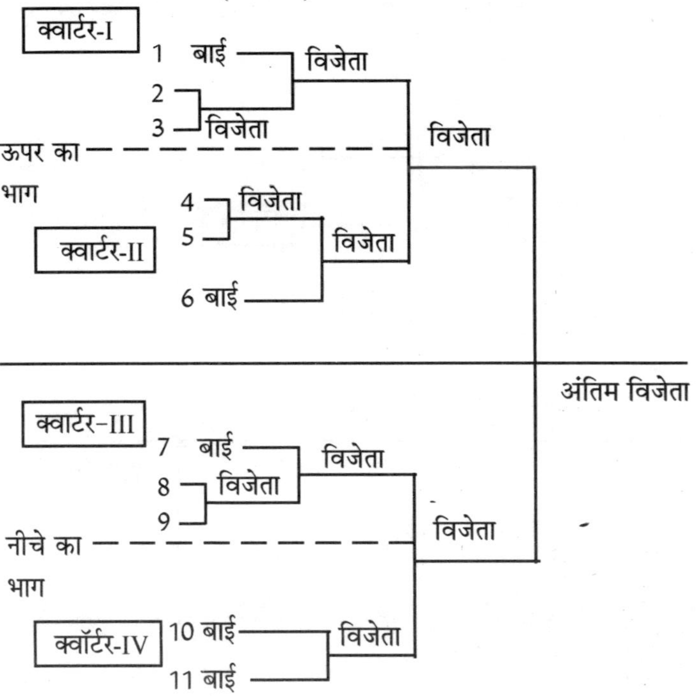

मान लें कि किसी डबल नॉक आउट प्रतियोगिता में कुल हॉकी की 9 टीमें भाग ले रही हों, तो उसका फिक्सचर (Fixture) ऐसे तैयार होगा—

(i) **कंसोलेशन राउंड (Consolation Round) के हिसाब से—**

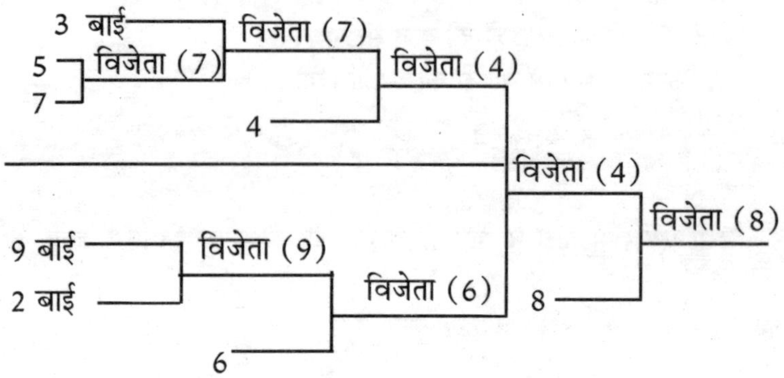

(ii) **रेगुलर राउंड (Regular Round) के हिसाब से फिक्सचर ऐसा होगा—**

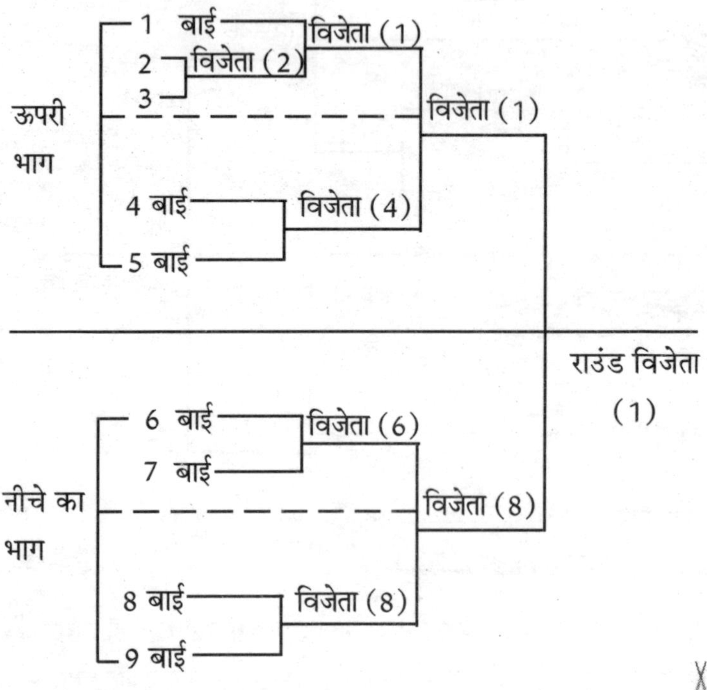

8

अंतरविद्यालयी खेल प्रतियोगिताएँ

दो या दो से अधिक विद्यालयों, महाविद्यालयों, शिक्षण संस्थाओं के मध्य खेलकूद की विभिन्न प्रतियोगिताओं का आयोजन होता है। शिक्षण संस्थानों में अंतरविद्यालयीन खेल प्रतियोगिताओं के आयोजन का मुख्य मकसद छात्रों के संपूर्ण शारीरिक व मानसिक विकास के साथ-साथ खेलकूद को बढ़ावा देना होता है।

प्रायः विद्यालय स्तर पर खेलकूद की आयोजित की जानेवाली प्रतियोगिताओं में क्रिकेट, फुटबॉल, हॉकी, बास्केटबॉल, वॉलीबॉल, हैंडबॉल, खो-खो, कबड्डी, बैडमिंटन, उछलना, कूदना, टेनिस, दौड़ (एथलेटिक्स) इसके अलावा गोला फेंक, चक्का फेंक आदि शामिल हैं।

आप खेल के विभिन्न क्षेत्रों में चमकनेवाले सितारों की जीवनियाँ पढ़कर देखें, तो आपको इस बात का अहसास होगा कि विद्यालय स्तर पर ही उनमें खेल भावना का विकास हुआ, यहीं से उन्हें दिशा मिली, खेल में रुझान व विभिन्न खेल कौशल सीखने को मिले, यानी इन सितारों के खेल जीवन की पाठशाला घर व स्कूल ही थी। घर में परिजनों ने अपने बच्चों के टैलेंट को पहचाना, विद्यालय में प्रतिभाओं के उभरने का अवसर मिला और इस तरह से दिशा पाकर वे शीर्ष की ओर अग्रसर होते गए।

विद्यालय स्तर के छात्रों की बात करते हैं। यह सच है कि हर छात्र

को किसी–न–किसी खेल में रुचि अवश्य रहती है, परंतु अवसर न पाकर धीरे–धीरे वे इससे कटते जाते हैं। इस तरह से उनकी प्रतिभाएँ कुंठित होती जाती हैं। छात्रों को खेल में रुचि बनी रहे, खेल प्रतिभा को उभरने का पर्याप्त अवसर व माहौल बने, इसके लिए विभिन्न शैक्षणिक संस्थान अंतरविद्यालय खेल प्रतियोगिताओं का आयोजन करते रहते हैं। इन खेल प्रतियोगिताओं में खेल के विभिन्न क्षेत्रों, जिनका उल्लेख किया जा चुका है, को शामिल किया जाता है। इससे यह पता चलता है कि छात्र को किस खेल में ज्यादा रुचि है तथा उक्त खेल में छात्र की खेल संभावनाओं का पता लगाया जाता है। इसके आधार पर ही उनके खेल भविष्य का निर्माण होता है।

अंतरविद्यालय प्रतियोगिताओं के उद्देश्य स्पष्ट व व्यापक हैं। छात्र–छात्राओं को उनकी रुचि के अनुसार खेल अवसर प्रदान करना, खेल प्रतिभा का विकास, अध्ययन, प्रशिक्षण, जैसे खेल नियमों, कौशलों तथा पद्धतियों का ज्ञान प्रदान करना, सहयोग की भावना का विकास, प्रतिभाओं की खोज आदि सम्मिलित हैं।

प्रायः स्कूलों में शारीरिक शिक्षा की कक्षाएँ अवश्य लगती हैं। आपने देखा होगा, शारीरिक शिक्षा की कक्षाओं में टीचर छात्रों को विभिन्न खेलों के नियमों, कौशल तथा पद्धतियों के बारे में ज्ञान प्रदान करते हैं। यह ज्ञान मौखिक रूप से तथा लिखित रूप से, दोनों तरीके से प्रदान कराया जाता है, पर क्या यह पूर्ण शारीरिक शिक्षा है? कदापि नहीं, क्योंकि छात्रों को अनुभव की जरूरत होती है। यह अनुभव खेलने से ही प्राप्त होता है। यही कारण है कि छात्रों को व्यावहारिक ज्ञान देने के लिए शिक्षण संस्थाएँ अंतरविद्यालय खेल प्रतियोगिताओं का आयोजन करती हैं। इसमें छात्र–छात्राओं को कक्षाओं में सीखे गए खेलों के नियमों, खेल कौशलों तथा विभिन्न खेल पद्धतियों को व्यावहारिक रूप से देखने, समझने एवं उपयोग करने का समुचित अवसर मिलता है।

अंतरविद्यालय खेल प्रतियोगिताओं के माध्यम से यह भी पता चल जाता है कि किस छात्र या छात्रा में टीम के कैप्टन होने के गुण हैं।

आज हॉकी को ही ले लें। हालाँकि भारत में हॉकी के खेल में नई-नई प्रतिभाएँ आ रही हैं, लेकिन दूसरे देशों, खासकर पश्चिमी देशों में इसके तेवर ही कुछ अलग हैं। ये अपनी वर्चस्वता दूसरे देशों में खेलों के माध्यम से सिद्ध कर रहे हैं। हर साल बड़े पैमाने पर अंतरराष्ट्रीय मुकाबले होते हैं। अंतरराष्ट्रीय स्तर पर हॉकी के खेलों का आयोजन होता है और कुछ देश हमेशा ही इसमें बाजी मार ले जाते हैं। हालाँकि हमारे देश में भी हॉकी के क्षेत्र में खिलाड़ियों ने अनेक कीर्तिमान स्थापित किए हैं, पर हमें जिस तेवर की झलक चाहिए उससे हम अभी तक दूर रहे हैं, जबकि दूसरे देशों ने इसे सिद्ध कर दिया है।

हमारे देश में हॉकी का अपेक्षित विकास न होने के यूँ तो अनेक कारण हैं, पर उनमें एक कारण यह भी हो सकता है कि हमारी व्यवस्था ही कुछ ऐसी है कि नई प्रतिभाओं का विकास नहीं हो पाता है अथवा पर्याप्त संसाधनों के अभाव में प्रतिभाएँ प्रकाश में आने से पहले ही दम तोड़ देती हैं।

विद्यालय स्तर पर अंत—विद्यालय खेल प्रतियोगिताओं के द्वारा विशिष्ट प्रतिभाओं को खोजा जा सकता है। जैसे क्रिकेट के मैचों में नई-नई प्रतिभाएँ आ रही हैं तथा अपने खेल-कौशल से दुनिया को चमत्कृत करती जा रही हैं। उसी प्रकार से हॉकी के क्षेत्र में भी नई प्रतिभाओं को लाना आवश्यक है। अंतरविद्यालय खेल प्रतियोगिताएँ इस लक्ष्य की पूर्ति कर सकती हैं।

अंतरविद्यालयीन प्रतियोगिताओं का आयोजन विद्यालयी स्तर पर नियमित रूप से नहीं किया जाता, बल्कि ये भाग लेनेवाली संस्थाओं की इच्छा से आयोजित की जाती हैं। इस प्रकार की प्रतियोगिताओं का आयोजन अंतरविद्यालय प्रतियोगिताओं की तुलना में अधिक व्यापक होता है। इसमें

विभिन्न संस्थाओं के छात्र एक साथ प्रतियोगिता में भाग लेते हैं।

इस प्रकार से अंतरविद्यालय प्रतियोगिताओं के जरिए छात्रों/खिलाड़ियों को अपनी खेल क्षमता व योग्यता सिद्ध करने का अवसर प्राप्त होता है। प्रतिभा के विकास तथा उसका प्रदर्शन, खेल–कौशल का विकास, प्रतियोगिता में भाग लेने वाली टीमों के समक्ष सामाजिक संपर्क को बढ़ावा देना, टीमों में भाईचारे तथा मैत्रीपूर्ण संबंधों का विकास, टीमों अथवा खिलाड़ियों में जीतने की चाह को बढ़ावा, नेतृत्व गुण का विकास, पुरस्कार व सम्मान के लिए कुछ अच्छा करने या दिखाने की लालसा या प्रेरणा मिलती है।

9

हॉकी खिलाड़ियों के खेल-कवच

कोई भी खेल हो, उसके लिए कुछ साज-सामान, पोशाक व सुरक्षा उपकरण निर्धारित किए गए हैं, जिन्हें 'खेल-कवच' भी कहा जा सकता है। ये पोशाक, जूते-वगैरह खेल की जरूरत के अनुसार पहने जाते हैं तथा इनसे ही उक्त खेल की पहचान का पता चलता है।

खिलाड़ियों के जूते, पोशाक वगैरह इस प्रकार से बनाए जाने चाहिए, ताकि खेलते समय वे खुद को महफूज व आरामदायक स्थिति में पा सकें।

हॉकी खिलाड़ियों के लिए पोशाक एक जैसी निर्धारित की गई है, लेकिन गोलकीपर की पोशाक भिन्न होती है। पोशाक का चयन मौसम के अनुसार किया जाता है।

सामान्य रूप से हॉकी खिलाड़ियों के लिए जरसी (टी-शर्ट) तथा निकर पहनने की अनुमति होती है।

जूते

हॉकी के खिलाड़ियों के जूतों का निर्माण करते समय मुख्यतः दो बातों का ध्यान रखा जाता है। पहला, खेलने में सहूलियत मिले और दूसरा, पैरों को सुरक्षा प्राप्त हो सके।

इन्हीं बातों के मद्देनजर रखते हुए जूते बनाए जाते हैं। हॉकी के

खिलाड़ियों के जूते मजबूती और पकड़वाले होते हैं। जूते के ऊपर विशेष परत चढ़ी होती है, जिससे ठोकर लगने पर पैरों का बचाव होता है।

दास्ताने

गोलकीपर अपने हाथों की सुरक्षा के लिए रबड़ के बने दास्ताने पहनते हैं, जो अत्यंत लचीले होने के साथ-साथ खिलाड़ी के हाथ की चोटों से रक्षा करते हैं।

हेलमेट

यह भी गोलकीपर के लिए होता है। हेलमेट पहनने से गोलकीपर के मुख और सिर की रक्षा होती है। गोलकीपर को भारतीय हॉकी संघ द्वारा स्वीकृत प्लास्टिक से बने हेलमेट ही पहनने चाहिए, क्योंकि यह स्वीकार्य है।

पैड

गोलकीपर को अपने पैरों की रक्षा के लिए 300 मिलीमीटर चौड़े पैड पहनने चाहिए। महिला गोलकीपर हलके पैड का इस्तेमाल कर सकती हैं।

10

हॉकी खिलाड़ियों के लिए निर्देश

शारीरिक सक्षमता, वॉर्मिंग-अप, व्यायाम, आहारादि

हॉकी खिलाड़ी को कोई भी व्यायाम करने से पूर्व वॉर्मिंग-अप करना जरूरी होता है, क्योंकि इससे काफी हद तक चोटों से बचाव हो जाता है। साथ ही वॉर्मिंग-अप शरीर को व्यायाम के लिए तैयार करता है।

वॉर्मिंग-अप से नाड़ी की गति तथा शरीर का तापक्रम सामान्य से ज्यादा बढ़ जाता है। एक हॉकी खिलाड़ी को वॉर्मिंग-अप का आरंभ धीमी गति की दौड़ से करना चाहिए।

किसी भी हॉकी खिलाड़ी के लिए यह आवश्यक होता है कि वह अपनी शारीरिक सक्षमता में वृद्धि करे, क्योंकि शारीरिक सक्षमता में वृद्धि होने से खिलाड़ी के शरीर को चोटों से रक्षा तो होती ही है, साथ ही उससे खेल में कुशलता व ऊर्जा भी बनी रहती है। शारीरिक सक्षमता में वृद्धि से खिलाड़ी के आगे की सफर आसान हो जाती है।

किसी भी व्यक्ति की शारीरिक सक्षमता तथा सुयोग्यता निम्न बातों से प्रभावित हो सकती है—

वातावरण—वातावरण के विभिन्न कारक जैसे जलवायु, तापमान, समुद्रतल से ऊँचाई, सामाजिक व सांस्कृतिक तत्त्व आदि खिलाड़ी की सक्षमता एवं सुयोग्यता में योगदान देने अथवा घटाने में महत्त्वपूर्ण भूमिका निभाते हैं।

जैसाकि आपने देखा होगा अथवा स्वयं महसूस किया होगा, ठंडे जलवायु क्षेत्र में रहनेवाले खिलाड़ियों की शारीरिक सक्षमता गरम जलवायु क्षेत्र में रहनेवाले खिलाड़ियों की तुलना में ज्यादा होती है। ठंडे जलवायु क्षेत्र के खिलाड़ी ज्यादा फिट व चुस्त होते हैं।

आहार—किसी भी व्यक्ति की शारीरिक सक्षमता को बढ़ाने में आहार की महत्त्वपूर्ण भूमिका होती है। आहार से न केवल शरीर को बल ही मिलता है, बल्कि अनेक रोगों व विकारों से शरीर की रक्षा भी होती है। उचित मात्रा में लिया गया संतुलित आहार क्षीण हो चुकी शरीर की कोशिकाओं की मरम्मत तथा नई कोशिकाओं के निर्माण में सहायक होता है।

एक खिलाड़ी के लिए विशेष आहार की जरूरत होती है। खिलाड़ी के लिए आहार ऐसा होना चाहिए, जिसमें आवश्यक विटामिन तत्त्वों की मौजूदगी रहे।

आई.सी.एम.आर. (ICMR) द्वारा शाकाहारी एवं मांसाहारी खिलाड़ियों के लिए संतुलित आहार की मात्रा निम्न प्रकार सुझाई गई है (ग्राम में)—

भोज्य पदार्थ	**वयस्क पुरुष खिलाड़ी या कठिन परिश्रम करने वाले व्यक्ति**		**वयस्क महिला खिलाड़ी या कठिन परिश्रम करने वाली महिला**	
	मध्यम परिश्रम	**कठिन परिश्रम**	**मध्यम परिश्रम**	**कठिन परिश्रम**
अनाज	520	670	440	575
दालें	50	60	45	50
हरी पत्तेदार सब्जियाँ	40	40	100	150
अन्य सब्जियाँ	70	80	40	100
कंदमूल	60	80	50	60
दूध	200	250	150	200
तेल एवं वसा	45	65	25	40
चीनी तथा गुड़	35	55	20	40

किशोरों (खिलाड़ियों) के लिए (ICMR) द्वारा सुझाए गए आहार (ग्राम में)—

भोज्य पदार्थ	पुरुष	महिला
अनाज	420	380
दालें	45	45
हरी पत्तेदार सब्जियाँ	50	50
अन्य सब्जियाँ	50	50
कंद-मूल	50	50
दूध	250	250
तेल एवं वसा	40	35
चीनी गुड़	45	45

नोट—मांसाहारियों के लिए वैकल्पिक प्रतिस्थापन आहार

मांसाहारियों के लिए वैकल्पिक प्रतिस्थापन आहार

वैसे भोज्य पदार्थ जिन्हें शाकाहारी आहार तालिका से हटाया जा सकता है	हटाए जा चुके भोज्य पदार्थ की जगह प्रतिस्थापन आहार
50 प्रतिशत दाल (20-30 ग्राम)	1. अंडा या 30 ग्राम मांस या मछली 2. अतिरिक्त 5 ग्राम तेल या वसा
100 प्रतिशत दाल (40-60 ग्राम)	1. दो अंडे या 50 ग्राम मांस या मछली, एक अंडा या 30 ग्राम मांस 2. 10 ग्राम तेल या वसा

इसमें कोई शक नहीं कि खिलाड़ियों का प्रदर्शन उनकी शारीरिक सक्षमता पर निर्भर करता है। आहार हमारे शरीर की विभिन्न क्रियाओं पर प्रभाव डालता है।

इससे हमारी सक्षमता प्रभावित होती है। अतः अच्छे प्रदर्शन के लिए खिलाड़ियों को उचित मात्रा में आहार लेने की जरूरत है।

यहाँ यह भी ध्यान रखना चाहिए कि खिलाड़ियों को खेलते तथा व्यायाम करते समय अधिक ऊर्जा की आवश्यकता होती है। इसके लिए पर्याप्त मात्रा में भोजन करना अनिवार्य है। एक क्रियाशील व्यक्ति के लिए दैनिक ऊर्जा की आवश्यकता 3000 से 8000 कैलोरी तक हो सकती है। यह उसकी शारीरिक संरचना तथा उसके द्वारा की जानेवाली गतिविधियों पर निर्भर करती है, लेकिन खिलाड़ी कठोर परिश्रम करते हैं। अतः उनके लिए अधिक ऊर्जा की आवश्यकता होती है। एक हॉकी खिलाड़ी को खेल के समय उचित संवेग, बल तथा शारीरिक टकरावों से बचाव के लिए उच्च कैलोरीयुक्त भोजन की आवश्यकता होती है।

एक खिलाड़ी के अच्छे प्रदर्शन के लिए भोजन में सामान्य रूप से 700 ग्राम कार्बोहाइड्रेट, 200 ग्राम प्रोटीन, 100 ग्राम वसा तथा पर्याप्त मात्रा में विटामिन और खनिज लवणों की आवश्यकता होती है।

एक हॉकी खिलाड़ी को चाहिए कि वह खेलने से कम-से-कम दो-तीन घंटे पूर्व भोजन ग्रहण करे, ताकि खेलते समय तक उसका ठीक से पाचन हो जाए।

एक हॉकी खिलाड़ी को शारीरिक सक्षमता बढ़ाने तथा सुयोग्यता प्राप्त करने के लिए नियमित रूप से व्यायाम करना चाहिए। जैसाकि मैंने शुरू में ही कहा है कि कोई भी व्यायाम करने से पूर्व हॉकी खिलाड़ी को वॉर्मिंग-अप कर लेना चाहिए।

वॉर्मिंग-अप के व्यायाम सामान्य एवं विशिष्ट होते हैं, सामान्य व्यायाम के बाद खेल-प्रतियोगिता से पूर्व विशिष्ट व्यायाम करना चाहिए।

खिलाड़ी को हॉकी खेलने से पूर्व वॉर्मिंग-अप के विशिष्ट व्यायामों से संबंधित निम्न तथ्यों को ध्यान में अवश्य रखना चाहिए—

- हॉकी खिलाड़ी को ड्रिबलिंग का अभ्यास करना चाहिए।
- हॉकी खिलाड़ी के लिए सबसे जरूरी तथ्य है, पास का अभ्यास,

क्योंकि इसमें परिपक्वता ही खिलाड़ी की सफलता का मार्ग प्रशस्त करती है।

- एक हॉकी खिलाड़ी को लंबी हिट्स लगाने का अभ्यास करना चाहिए।
- इसी प्रकार से हॉकी खिलाड़ी पेनॉल्टी-कॉर्नर, पेनॉल्टी-स्ट्रोक का अभ्यास कर सकता है। यह नहीं भूलना चाहिए कि अभ्यास करते समय वहाँ प्रशिक्षक की आवश्यकता होती है। यह प्रशिक्षक या कोच ही खिलाड़ी को गाइड करता है।
- एक हॉकी खिलाड़ी को उपरोक्त के अलावा फ्लिक, स्कूप, पुश, टैकल करने आदि के अभ्यास में भी नियमितता रखना चाहिए।

उपरोक्त विशिष्ट व्यायाम के अभ्यास से निश्चित रूप से हॉकी खिलाड़ी की क्षमता में वृद्धि होती है, इतना ही नहीं, खिलाड़ी के खेल प्रदर्शन में सुधार, कौशल का विकास, शारीरिक सामंजस्य स्थापित करने में भी सहयोग मिलता है।

अनुकूलन के विशिष्ट व्यायाम

हॉकी खिलाड़ी की शक्ति, क्षमता, गति, सामंजस्य आदि में संवर्द्धन हेतु उसे अनुकूलन (कंडीशनिंग) का भी अभ्यास करना चाहिए। ये व्यायाम तैयारी के समय ही किए जाने चाहिए।

हॉकी खिलाड़ी निम्न बातों पर ध्यान दें—

- खिलाड़ी शक्ति में वृद्धि के लिए आधी बैठकें, लेजिंग ट्रंक ट्रिपिस्ट जैसे भार प्रशिक्षण व्यायामों का अभ्यास करें।
- वे अपनी शारीरिक क्षमता में वृद्धि के लिए निरंतर क्रॉस-कंट्री दौड़ का अभ्यास करें।
- गति में वृद्धि के लिए त्वरण दौड़ का अभ्यास करें।
- खिलाड़ी लचक बढ़ाने के लिए सिंगल लैग स्ट्रैचर, हैमस्ट्रिंग, स्ट्रैचर आदि व्यायामों का अवश्य अभ्यास करें।

योगाभ्यास

योग का अभ्यास किसी भी खिलाड़ी के स्वास्थ्य एवं सक्षमता को बढ़ाने में एक अत्यंत महत्त्वपूर्ण भूमिका निभा सकता है। इसके साथ-साथ योग का अभ्यास करने से खिलाड़ी के आत्मविश्वास में वृद्धि होती है, इनकी एकाग्र क्षमता बढ़ती है, दृढ़ संकल्प, नैतिकता, अनुशासन आदि की भावना दृढ़ होती है।

योगासन से शरीर के जोड़ स्वस्थ रहते हैं। ये शरीर की लोच को बढ़ाने में सहायता प्रदान करते हैं। इसके कारण हॉकी खिलाड़ी न केवल अपने प्रदर्शन में अपेक्षित सुधार कर सकता है, बल्कि मैच के दौरान शरीर के अंगों की टूट-फूट अथवा चोटों से भी काफी हद तक बचाव हो जाता है।

योगाभ्यास के कई लाभ हैं। इन लाभों से हृदयवाहिका संबंधी कुशलता में सुधार, संवर्द्धन आदि के कारण हॉकी खिलाड़ी का बढ़िया प्रदर्शन होता है, यह श्वसन संस्थान के कार्य में भी सुधार करता है। प्राणायाम करने से फेफड़ों की क्षमता में वृद्धि होती है, इसके फलस्वरूप खिलाड़ी मैदान में भागते हुए जल्दी थकता नहीं है। यह एंडुरेंस (Endurance) को बढ़ाने में भी सहायक होता है।

योगों का अभ्यास करने से मानसिक सबलता व सक्षमता में भी विकास होता है। जैसाकि आप जानते हैं कि योगासन करने से स्नायु संस्थान स्वस्थ तथा सुदृढ़ होते हैं। यह किसी भी खिलाड़ी के लिए आवश्यक होता है, क्योंकि खेलों के दौरान प्रायः नकारात्मक अथवा विपरीत स्थितियाँ बन जाती हैं, जिनके कारण खिलाड़ी को काफी संघर्ष करना पड़ता है। कुछ खिलाड़ी तो अपना आपा ही खो बैठते हैं। यही कारण है कि स्नायु संस्थान का स्वस्थ व सबल होना आवश्यक है। इसके फलस्वरूप खिलाड़ी विपरीत परिस्थितियों में भी विचलित नहीं होता तथा अपना मानसिक संतुलन बनाए रखता है।

किसी भी खेल क्षेत्र में एकाग्रता बहुत महत्त्वपूर्ण होती है। कुछ आसन ऐसे हैं; जिन्हें अभ्यास करके हॉकी खिलाड़ी इस विशिष्ट गुण को पा सकते हैं। आप वज्रासन, वृक्षासन, पद्मासन, सिद्धासन आदि कर सकते हैं। प्राणायामों में उज्जयी, कपालभाति आदि का अभ्यास किया जा सकता है।

विश्राम

किसी भी खिलाड़ी के लिए विश्राम बहुत जरूरी है, क्योंकि विश्राम तथा निद्रा के समय शरीर की टूटी-फूटी कोशिकाओं की मरम्मत होती है। अगर उचित विश्राम नहीं किया जाए, तो शरीर की क्षतिग्रस्त कोशिकाओं का पुनः निर्माण कैसे संभव हो सकता है।

तनाव

एक हॉकी खिलाड़ी को मैदान में तनाव से बचना चाहिए। तनाव किसी खिलाड़ी की शारीरिक सक्षमता तथा सुयोग्यता पर विपरीत प्रभाव डालता है। इससे शारीरिक बल व ऊर्जा में कमी आती है। खिलाड़ी मनोवैज्ञानिक रूप से कमजोर हो जाता है। ऐसी स्थिति में उसके द्वारा लिये गए फैसले प्रायः गलत ही सिद्ध होते हैं।

नशा

हॉकी खिलाड़ियों को किसी भी प्रकार के नशे से दूर रहना चाहिए, क्योंकि नशों के प्रभाव से खिलाड़ी के खेल की दिशा बदल जाती है, मानसिक संतुलन में ह्रास के फलस्वरूप खिलाड़ी अपने लक्ष्य से भटक सकता है और खेल नियमों का उल्लंघन करने लगता है।

यह सच है कि नशा करनेवाला खिलाड़ी खेलों में अच्छा प्रदर्शन नहीं कर पाता है। दूसरी ओर, नशीली दवाइयों के प्रभाव से खिलाड़ी की शारीरिक सक्षमता में धीरे-धीरे ह्रास होने लगता है। यह सच है कि ऐसी दवाइयाँ तात्कालिक रूप से खिलाड़ी की शक्ति में इजाफा तो ला देती हैं, लेकिन बाद में ये शरीर को खोखला करती जाती हैं। यही कारण है कि इन नशीली दवाइयों; जैसे—कोकीन, हेरोइन, अफीम, चरस, गाँजा आदि के सेवन पर प्रतिबंध लगाया गया है।

उपरोक्त बातों के अलावा एक हॉकी खिलाड़ी को निम्न तथ्यों का हमेशा ध्यान रखना चाहिए। यह उनके लिए सावधानियाँ भी हो सकती हैं।

सावधानियाँ

1. हालाँकि व्यायाम करने के लिए कोई आयु सीमा निर्धारित नहीं की गई है, पर कोई भी व्यायाम शुरू करने से पहले खिलाड़ी दो बातों का अवश्य ध्यान रखें—

   (क) सही व्यायाम का चयन

   (ख) चिकित्सक से परामर्श।

2. जिस तरह कोई भी व्यायाम करने से पूर्व वॉर्मिंग-अप आवश्यक होता है, उसी तरह से व्यायाम पूरा कर लेने के बाद हॉकी खिलाड़ी को लिंबरिंग डाउन (Limbering Down) का अभ्यास कर लेना जरूरी होता है। इसके तहत हॉकी खिलाड़ी धीरे-धीरे दौड़कर शरीर के रक्तचाप तथा Pulse Rate को सामान्य अवस्था में लाता है।
3. खिलाड़ी नियमित रूप से अभ्यास करें।
4. शारीरिक सक्षमता में सुधार लाने हेतु मांसपेशियों पर अधिक भार डालना आवश्यक होता है।
5. हॉकी खिलाड़ियों को कछुए की गति की तरह ही चरणबद्ध विकास की ओर उन्मुख होना चाहिए। जैसे अगर कोई खिलाड़ी व्यायामों का अभ्यास कर रहा है, तो उसे व्यायामों का भार धीरे-धीरे बढ़ाना चाहिए। यह भार व्यायाम का समय, गति, तीव्रता बढ़ाकर अधिक किया जा सकता है। जब भार को जल्दी-जल्दी बढ़ाया जाता है तो प्रगति के बजाए अवनति होने लगती है। इसलिए भार की मात्रा को प्रगति के अनुसार ही बढ़ाया जाना चाहिए।
6. खेल व्यक्ति की सहनशीलता, ईमानदारी, सच्चाई, मित्रता, धैर्य तथा स्व-अनुशासन का प्रतीक है। एक सच्चा खिलाड़ी इन सभी नियमों को सच्ची आशा से खेल के मैदान के बाहर भी पालन करता है।
7. एक हॉकी खिलाड़ी को खेल के प्रति हमेशा पारदर्शी, ईमानदार व समर्पित रहना चाहिए।

8. एक हॉकी खिलाड़ी को चाहिए कि वह अपने साथी तथा विपक्षी दल के खिलाड़ियों के साथ मित्रता का भाव रखे।
9. खिलाड़ी को हमेशा खेल भावना से लक्ष्य की दिशा में खेलना चाहिए।
10. एक हॉकी खिलाड़ी को चाहिए कि वह खेल या मैच से जुड़े (प्रत्यक्ष अथवा अप्रत्यक्ष रूप में, किसी भी रूप में हो) संबंधित व्यक्ति का सम्मान करे।
11. हॉकी खिलाड़ी को खेल के दौरान क्रोध से बचना चाहिए। उसे तनावमुक्त होकर खेलना चाहिए।
12. हॉकी खिलाड़ी को खेल नियमों का पालन करना चाहिए।
13. एक हॉकी खिलाड़ी को अनुशासित, नम्र, आज्ञाकारी व ईमानदार होना चाहिए।
14. किसी प्रतियोगिता में खिलाड़ियों के प्रदर्शन के दौरान उसके द्वारा अनजाने में की गई गलतियों पर उसे नहीं डाँटना या फटकारना चाहिए। इस स्थिति में खिलाड़ी का उत्साहवर्द्धन करना चाहिए, ताकि प्रभावित खिलाड़ी स्वयं को ज्यादा मायूस न कर सके अथवा हतोत्साहित न हो सके, अन्यथा खेल पर इसका प्रदर्शन पड़ना लाजिमी है।

11

एस.जी.एफ.आई. तथा इसकी संगठनात्मक व्यवस्था

एस. जी.एफ.आई. (S.G.F.I.) अथवा भारतीय क्रीड़ा सामग्री संघ की स्थापना भारतीय खेल उद्योग के कुछ स्वयंसेवकों द्वारा एक दशक पहले की गई थी। वर्ष 1999 में क्रीड़ा सामग्रियों के निर्यातकों ने पचीस सदस्यों के साथ बाल श्रम उन्मूलन तथा पुनर्वास के उद्देश्य के लिए इसकी स्थापना की थी। बाद में इसके कार्य क्षेत्र में विस्तार होता चला गया। इसके अंतर्गत कुछ मूलभूत कार्यों जैसे शिक्षा, स्वास्थ्य, सामाजिक सुरक्षा, महिला सशक्तीकरण आदि को भी शामिल कर लिया गया।

एस.जी.एफ. आई. (S.G.F.I.) एक लाभरहित आई.एस.ओ. 9001 : 2000 प्रमाणित एक गैर–सरकारी संगठन है। आज इस संस्था के सदस्यों की संख्या बढ़कर 32 हो गई है। संस्था के सदस्य मुख्यतः हॉकी, फुटबॉल, वॉलीबॉल, रग्बी इत्यादि खेलों की गेंदों के निर्माता व निर्यातक हैं। ये सभी सदस्य सभी तरह की गेंदों के पचीस प्रतिशत भाग का उत्पादन करते हैं।

सभी सदस्य स्वैच्छिक रूप से अपनी आय का एक निश्चित हिस्सा प्रतिमाह इस संस्था को दान में देते हैं, ताकि इसके कार्यक्रमों के कार्यान्वयन में किसी तरह की बाधा उत्पन्न न हो।

इस तरह एस.जी.एफ.आई. (S.G.F.I.) का विजन है—भारतीय क्रीड़ा सामग्री उद्योग की सामाजिक जिम्मेवारी को बढ़ावा देना तथा इसका उद्देश्य क्रीड़ा सामग्री उद्योग से बाल श्रम का उन्मूलन, श्रमिकों के परिवार में बाल श्रम के हानिकारक पक्षों तथा शिक्षा के महत्त्व के प्रति जागरूकता फैलाना, गेंदों में लगे श्रमिकों के बीच शिक्षा का प्रचार-प्रसार आदि। इसमें जो संगठन सहयोग दे रहे हैं, वे इस प्रकार हैं—

डब्ल्यू.एफ.एस.जी.आई (W.F.S.G.I.)—यह संगठन शुरू से ही बाल श्रम के निदान में अपना योगदान दे रहा है।

फीफा (F.I.F.A.)—यह एस.जी.एफ.आई. (S.G.F.I.) के कार्यक्रमों के लिए फंड की व्यवस्था करता है।

यूनीसेफ (UNICEF)—यह संस्था दिशा-निर्देशों का खाका तैयार करती है।

एस.सी.एफ. (S.C.F.)—यह संस्था S.G.F.I. के सामाजिक कार्यक्रमों के लिए धन मुहैया कराती है।

एस.जी.एस. इंडिया प्रा. लि. (S.G.S. India Pvt. Ltd.)—यह संस्था S.G.F.I. के कार्यक्रमों का बाहरी तौर पर निरीक्षण करती है।

श्रम मंत्रालय, भारत सरकार—बाल श्रम उन्मूलन के लिए कटिबद्ध है।

भारतीय जीवन बीमा निगम—यह संस्था घरेलू श्रमिकों के लिए एक बीमा योजना 'जीवन मधुर' का संचालन कर रही है।

उपरोक्त संस्थाओं के अलावा संयुक्त राष्ट्र औद्योगिक विकास संगठन-समूह विकास परियोजना एस.जी.एफ.आई. (S.G.F.I.) की बाल श्रम निवारण की एक परियोजना पर काम कर रही है।

12

हॉकी खिलाड़ी की सामान्य खेल चोटें तथा उनसे बचाव के उपाय

हॉकी खिलाड़ियों को खेल के दौरान लगनेवाली चोटों में प्राय: घुटने व टखने में चोट व मोच, कंधे में चोट, खिंचाव, जाँघ, कोहनी, बाजू, हैमस्ट्रिंग में खिंचाव, जोड़ अलग होना, नीला पड़ना, कभी-कभी आक्रामक खेल के दौरान हड्डियों के टूटने या चटकने की घटनाएँ भी देखी जाती हैं। हॉकी खिलाड़ियों को अन्य कई सामान्य चोटों का भी सामना करना पड़ सकता है।

हालाँकि खिलाड़ियों को चोटों से बचाव के लिए अपने शरीर को चुस्त व फिट रखना जरूरी होता है। इसके लिए उन्हें व्यायाम का नियमित अभ्यास करना चाहिए, जिनका उल्लेख पहले किया जा चुका है। अगर हॉकी खिलाड़ी वॉर्मिंग-अप तथा कंडीशनिंग के विशिष्ट नियमों का पालन करते हैं; नियमित अभ्यास पर जाते हैं, गति व लचक के सिद्धांतों का अनुपालन करते हैं; तो कोई शक नहीं कि वे खुद को काफी हद तक चोटों से रक्षा कर सकें। एक और बात खिलाड़ियों को ध्यान में रखना चाहिए—वह है खेल में कौशल व अनुभव प्राप्त करना।

आपने देखा होगा कि जो अनुभवी खिलाड़ी होते हैं, खेल को कुशलता

व सूझ-बूझ के साथ खेलते हैं। वे दुर्घटनाओं तथा चोटों के कम शिकार होते हैं, उन खिलाड़ियों के मुकाबले, जिन्हें खेल में अनुभव तथा कौशल की कमी दिखती है। यह जानी-परखी बात है। इसके आधार पर यह कहा जा सकता है, जो जितना बड़ा खिलाड़ी, वो उतना ही कम जख्मी होता है।

हॉकी खिलाड़ियों को खेल के दौरान मानकीकरण परिधान, खेल-उपकरणों तथा सुरक्षात्मक उपकरणों का उपयोग करना भी आवश्यक होता है। ये सभी चीजें उन्हें चोटों से रक्षा करती हैं। इसके लिए जरूरी है कि खिलाड़ियों को जो सुरक्षा उपकरण, पोशाक वगैरह प्रदान किए जाएँ, वे मानक स्तर के हों। उन सुरक्षा उपकरणों में चेस्ट, शिन, आर्म, लैगगार्ड, फेसमास्क, दस्ताने आदि महत्त्वपूर्ण हैं।

यह सच है कि खिलाड़ियों को चोटों से बचाव करना कठिन अवश्य है, पर यह भी सच है कि एक सीमा तक उनसे बचा जा सकता है।

चोट से बचाव खिलाड़ी की धारणीयता एवं कुशलता के अधिकाधिक उपयोग की वृद्धि में सहायक होगा।

यहाँ यह भी नहीं भूलना चाहिए कि अगर खेल का कुशल संचालन होता हो, रेफरी या अंपायर अपनी जिम्मेदारी तथा कर्तव्यों का कुशलतापूर्वक निर्वाह करें, सटीक फैसले करें तथा बगैर किसी पक्षपात के अपने प्रभावों का उपयोग करें; तो खेल में कुशल तकनीकी स्तर बढ़ जाता है तथा खिलाड़ी भिड़ंत अथवा टाँग मारने की घटनाओं से दूर रहते हैं।

अगर खिलाड़ी अनुशासित तरीके से खेलें, प्रतिद्वंद्वी खिलाड़ियों को दोस्ती के भाव से देखें, तो मैच के दौरान अप्रिय घटनाओं को रोका जा सकता है। अंपायर को चाहिए कि जो खिलाड़ी बार-बार बदतमीजियाँ करता है, पहले तो उसे वॉर्न करें, इसके बावजूद भी वह अपनी आदतों से बाज नहीं आता है, तो उसे सीधा लाल कार्ड दिखाकर पूरे सत्र के लिए मैच खेलने पर प्रतिबंध लगा दे। यह पूरी तरह सच है कि अगर खेल का प्रबंधन पूरी तरह स्ट्रिक्ट है, तो खेल की रफ्तार में रोमांच व लुत्फ का आनंद दर्शक पूरी तरह उठा पाते हैं।

हॉकी खिलाड़ियों को योगासनों से विपरीत स्थितियों में खुद को संतुलित रखने में काफी मदद मिलती है, क्योंकि अगर खिलाड़ी असंतुलित होगा, तभी वह बदतमीजियाँ करता है तथा उसके कारण खेल की लय व दिशा बदल जाती है। खेल हिंसात्मक स्वरूप ले सकता है। एक की गलती से दूसरे खिलाड़ियों को तकलीफ उठानी पड़ सकती है।

हॉकी खिलाड़ियों के दिमाग में यह बात अच्छी तरह बैठा देनी चाहिए कि वे खेल में अपने कौशल का प्रदर्शन कर रहे हैं, कोई जंग जीतने नहीं जा रहे हैं। अतः हमेशा खेल को अपनी क्षमता, शक्ति, अनुशासन, भावना व संकल्प से ही उसे सही दिशा दे सकते हैं तथा अपना बेहतर खेल प्रदर्शन करते हुए चोटों से काफी हद तक खुद को सुरक्षित रख सकते हैं।

13

हॉकी की महत्त्वपूर्ण प्रतियोगिताएँ

राष्ट्रीय हॉकी प्रतियोगिताएँ

	प्रतियोगिता का नाम	स्थान
1.	लाल बहादुर शास्त्री हॉकी टूर्नामेंट	स्थान निर्धारित नहीं है।
2.	महाराजा रणजीत सिंह हॉकी प्रतियोगिता	स्थान निर्धारित नहीं है।
3.	नेहरू हॉकी टूर्नामेंट	नई दिल्ली में प्रत्येक साल आयोजित होती है।
4.	बेटन कप	इसका आयोजन हर साल कोलकाता में होता है।
5.	ध्यानचंद हॉकी प्रतियोगिता	—
6.	उबैदुल्ला खान गोल्ड कप	भोपाल
7.	आगा खान प्रतियोगिता	मुंबई
8.	मुंबई (Bombay) गोल्ड कप	मुंबई
9.	सिंधिया गोल्ड कप हॉकी प्रतियोगिता	ग्वालियर
10.	प्रीमियर हॉकी लीग	प्रत्येक वर्ष स्थान अलग-अलग हो सकता है।

11. **राष्ट्रीय हॉकी चैंपियनशिप**

(क) पुरुष वर्ग	1928 से प्रारंभ हुआ।
(ख) स्त्री वर्ग	1938 से प्रारंभ हुआ।

12. ऑल इंडिया एम.सी.सी. मुरूगप्पा गोल्ड कप हॉकी टूर्नामेंट

अंतरराष्ट्रीय हॉकी प्रतियोगिताएँ

प्रतियोगिता का नाम	स्थान
1. अजलानशाह हॉकी टूर्नामेंट	प्रत्येक वर्ष मलेशिया में आयोजित होता है।
2. चैंपियन ट्रॉफी	प्रत्येक बार स्थान बदल जाता है।
3. ओलंपिक के अंतर्गत आयोजित होने वाली प्रतियोगिताएँ	प्रत्येक बार स्थान बदल दिया जाता है। वर्ष 2012 में लंदन में आयोजित हुआ।
4. एशिया कप हॉकी टूर्नामेंट	प्रत्येक बार स्थान परिवर्तित होता रहता है।
5. एशियाई खेलों के अंतर्गत आयोजित हॉकी प्रतियोगिताएँ	प्रत्येक बार स्थान परिवर्तित होता है।
6. विश्व कप हॉकी टूर्नामेंट	प्रत्येक बार स्थान परिवर्तित होता है। वर्ष 2010 में भारत में यह आयोजित हुआ था।
7. महिला एशिया कप	प्रत्येक बार स्थान बदल जाता है।
8. चैंपियंस चैलेंज हॉकी टूर्नामेंट	प्रत्येक बार स्थान बदल जाता है।

नोट—चैंपियन ट्रॉफी पुरुष व महिला दोनों वर्गों के लिए आयोजित होता है।

भारत में वे स्थान, जहाँ हॉकी प्रतियोगिताओं का आयोजन होता है

	भारत के प्रमुख स्टेडियम	स्थान
1.	मेजर ध्यानचंद नेशनल स्टेडियम	दिल्ली
2.	राधाकृष्णन स्टेडियम	चेन्नई
3.	के.डी. सिंह बाबू स्टेडियम	लखनऊ
4.	सुरजीत हॉकी स्टेडियम	जालंधर
5.	गचीबौली स्टेडियम	हैदराबाद
6.	स्पोर्ट्स कॉलेज	बंगलुरु
7.	ध्यानचंद स्टेडियम	लखनऊ
8.	राष्ट्रीय खेल संस्थान	पटियाला
9.	स्पोर्ट्स कॉलेज	गांधीनगर
10.	स्पोर्ट्स कॉलेज	कोलकाता
11.	शिवाजी स्टेडियम	नई दिल्ली
12.	रेलवे स्टेडियम	ग्वालियर
13.	रेलवे स्टेडियम	राँची
14.	रेलवे स्टेडियम	मुंबई
15.	रेलवे स्टेडियम	चंडीगढ़
16.	रेलवे स्टेडियम	अमृतसर
17.	रेलवे स्टेडियम	पिम्परी

हॉकी खेल पुरस्कार

अर्जुन पुरस्कार

	खिलाड़ी	वर्ष
1.	प्रियपाल सिंह, एन लेंसडन	1961
2.	चरनजीत सिंह	1963
3.	एस. लक्ष्मण	1964
4.	उधम सिंह, ऐलवेरा बिए	1965
5.	वी.जे. पीटर, गुरुबख्श सिंह, सुनीता पुरी	1966
6.	हरविंदर सिंह, जगजीत सिंह	1967
7.	मोहिंदर पाल	1967
8.	कैडेट बलबीर सिंह	1968
9.	अजीतपाल सिंह	1970
10.	पी. कृष्णमूर्ति	1971
11.	माइकल किंडी	1972
12.	एम.पी. गणेश	1973
13.	जी. मैसकरेनहास	1973

14.	अशोक कुमार	1974
15.	अजिंदर कौर	1974
16.	बी.पी. गोविंदा	1975
17.	रूपा सैनी	1975
18.	हरचरन सिंह	1977–78
19.	लोरेन फर्नांडीज	1977–78
20.	वासुदेवन	1979–80
21.	भास्कस	1979–80
22.	एम. शाहिद	1980–81
23.	एलिजा नेल्सन	1980–81
24.	वर्षा सोनी	1981

25.	जफर इकबाल	1983
26.	राजबीर कौर	1984
27.	सोमैया माणे	1985
28.	पांडा कुठाना	1985
29.	जे.एम. करवाठलो	1986
30.	एम.पी. सिंह	1988
31.	रमनदीप सिंह	1999
32.	हरिपाल कौशिक	1999
33.	वी.पी. फिलिप	1999
34.	अजीत सिंह	2002
35.	ममता खरब	2002
36.	देवेश चौहान	2003
37.	सूरज लतादेवी	2003
38.	दीपक ठाकुर	2004
39.	इलैन मैरी	2004

राजीव गांधी खेल रत्न पुरस्कार

धनराज पिल्लै को वर्ष 1999-2000 सत्र में दिया गया था। भारत सरकार ने पिल्लै को हॉकी में उत्कृष्ट प्रदर्शन के लिए व देश का नाम रौशन करने के लिए यह सबसे बड़ा खेल अवॉर्ड दिया था।

द्रोणाचार्य पुरस्कार

1. एम.के. कौशिक	2002
2. चार्ल्स कॉर्नेलियस	2002
3. हरदयाल सिंह	2003
4. राजिंदर सिंह कौर	2005

ध्यानचंद पुरस्कार

1. धर्म सिंह मान	2002
2. राजिंदर सिंह	2003

भीम अवॉर्ड

1. भूपिंदर कौर	1996
2. सुरिंदर कौर	1999
3. कमला दलाल	1999
4. बलविंदर कौर	2000
5. गुरप्रीत कौर	2001
6. सिमरजीत कौर	2002

पद्मश्री अवॉर्ड विजेता

पद्मश्री अवॉर्ड विजेता खिलाड़ियों के नाम इस प्रकार हैं—

1. ध्यानचंद
2. के.डी. बाबू
3. बलबीर सिंह (सीनियर)
4. चरनजीत सिंह
5. जीवनपाल सिंह
6. दिलीप कुमार टिर्की

15

हॉकी वर्ल्ड रिकॉर्ड

सर्वाधिक ओलंपिक मेडल्स

भारत वर्ष 1928 से लेकर 1960 तक ओलंपिक हॉकी चैंपियन रहा है। भारतीय हॉकी टीम ने 1980 में आठवीं जीत दर्ज कराई थी। टीम के छह भारतीय खिलाड़ियों ने तीन ओलंपिक (टीम) गोल्ड मेडल्स जीते, दो खिलाड़ियों ने सिल्वर मेडल जीता।

वी लेसली वाल्टर क्लॉडियस ने 1948, 1952, 1956 तथा 1960 में रजत पदक जीता। उधम सिंह ने वर्ष 1952, 1956, 1964 तथा 1960 में यह जीत दर्ज की थी।

सर्वाधिक ओलंपिक खिताब

ऑस्ट्रेलिया ने दो बार वर्ष 1988 तथा 1996 में ओलंपिक खिताब जीते।

सन् 1980 में ओलंपिक में महिला टूर्नामेंट को शामिल किया गया था।

16

हॉकी प्रश्नोत्तरी

हॉकी के खेल में कुछ कठिन शब्दों का प्रयोग किया जाता है। हालाँकि मैंने भरसक चेष्टा की है कि पाठकों को बुनियादी बातों की जानकारी हो सके, इस पुस्तक में पहले भी मैंने हॉकी खेल से जुड़े शब्दों पर प्रकाश डाला है, शेष शब्दावलियों का विवरण प्रश्नोत्तरी के माध्यम से दिया जा रहा है, ताकि पाठक को समझने में कठिनाई न हो सके।

प्रश्न : शॉर्ट-कॉर्नर (Short Corner) किसे कहते हैं ?

उत्तर : आपने हॉकी खेलों में पेनॉल्टी-कॉर्नर का जिक्र होते सुना होगा। स्वयं इसे होते हुए देखा भी होगा। यह पेनॉल्टी 'कॉर्नर ही शॉर्ट' कॉर्नर होता है।

शॉर्ट-कॉर्नर में गोल स्तंभ से कम-से-कम दस गज की दूरी पर गोल-रेखा पर गेंद रखकर पुश किया जाता है अथवा बॉल में हिट लगाया जाता है।

प्रश्न : फ्लिक (Flick) का अर्थ क्या है ?

उत्तर : फ्लिक का अर्थ होता है—कलाई से प्रहार। जब हॉकी मैचों में खिलाड़ी कलाई के झटके से गेंद पर हिट करता है, तो उसे फ्लिक कहते हैं। यह एक सर्वतोमुखी स्ट्रोक होता है। इसमें गेंद को सावधानीपूर्वक मैदान से ऊपर दाईं कलाई से क्रिया करते हुए उठाया जाता है।

प्रश्न : मेली (Melee) से आप क्या समझते हैं ?

उत्तर : हॉकी खेल के मैदान में शूटिंग-वृत्त में गेंद की छीना-झपटी के लिए प्रायः इस शब्द का प्रयोग किया जाता है। जब खिलाड़ी गेंद को धकेलते हुए आगे ले जा रहा होता है, तो विरोधी टीम के खिलाड़ी गेंद पर से उसका नियंत्रण अथवा प्रभाव कम करने अथवा गेंद को अपने नियंत्रण में लेने के लिए संघर्ष करते हैं। इसी छीना-झपटी को मेली कहा जाता है।

प्रश्न : हॉकी के सबसे पुराने क्लब की कब तथा कहाँ स्थापना हुई थी ?

उत्तर : सन् 1871 में लंदन में इसकी स्थापना हुई थी।

प्रश्न : 'जैब स्ट्रोक' से आप क्या समझते हैं ?

उत्तर : यह एक प्रकार का स्ट्रोक होता है, जो स्टिक को अंग्रेजी के J शब्द के आकार में रखकर लगाया जाता है। यह स्ट्रोक लगाते समय खिलाड़ी आगे की ओर झुका होता है तथा उसकी बाँहें फैली होती हैं। इस प्रकार से वह गेंद पर प्रहार करता है।

इस प्रकार के स्ट्रोक में हॉकी स्टिक का मुख सदैव ऊपर की ओर रहता है।

प्रश्न : स्टिक का 'मुखड़ा' या मुख क्या है ?

उत्तर : हॉकी स्टिक का समतल अथवा चपटा भाग ही स्टिक का मुखड़ा कहलाता है।

प्रश्न : हॉकी के खेल में 'झाँसा देना' या डॉज (Dodge) से आप क्या समझते हैं ?

उत्तर : डॉज को चकमा देना भी कह सकते हैं। मैचों में अच्छे-अच्छे खिलाड़ियों द्वारा विपक्षी टीम को डॉज दिए जाते हैं। इसमें सामनेवाले खिलाड़ी को गेंद की दिशा या गति का सही-सही पूर्वानुमान नहीं होता है। यहीं खिलाड़ी धोखा खा जाता है और गेंद पर से उसका नियंत्रण हट जाता है अथवा गेंद पर नियंत्रण बनाने की उसकी

कोशिश बेकार चली जाती है।

जो जितना बड़ा व अनुभवी खिलाड़ी होता है, वह उतना ही बड़ा डॉज देता है। देखा जाए, तो मैच में सफलता का एक बहुत बड़ा हाथ डॉज का भी होता है। बगैर डॉज के आप अच्छी सफलता की कामना नहीं कर सकते हैं।

प्रश्न : स्कूप स्ट्रोक (Scoop Stroke) से आप क्या समझते हैं ?

उत्तर : स्कूप स्ट्रोक (Scoop Stroke) में खिलाड़ी स्टिक के चपटे भाग का प्रयोग करके गेंद को उछालता है। यह स्ट्रोक विरोधी टीम के गेंद की चाल में अवरोध उत्पन्न करने से बचने के लिए प्रयोग किया जाता है। स्कूप को तीन प्रकार से खेला जा सकता है—विपरीत किनारे से, सामने से और फॉरहैंड किनारे से।

प्रश्न : 'फाउल' से आप क्या समझते हैं ?

उत्तर : फाउल का सामान्य अर्थ होता है नियमों का उल्लंघन अर्थात् जब खिलाड़ी नियमों के दायरे से हटकर शॉट लगाता है, तब इस हिट को 'फाउल' के अंतर्गत रखा जाता है। उसी प्रकार से खेल के क्रम में दो विपरीत टीमों के खिलाड़ी परस्पर टकरा जाते हैं तथा जिस खिलाड़ी से फाउल होता है, उस पर चार्ज लगाया जाता है। यह चार्ज कुछ भी हो सकता है, जो खेल नियमों के दायरे में होता है। जैसे—फ्री-हिट, शॉट-कॉर्नर, पेनॉल्टी-स्ट्रोक आदि, जो अंपायर के फैसले पर निर्भर करता है। अंपायर मैदान में फाउल की दिशा व स्थान देखकर दंड के तरीकों का फैसला करता है, यानी वह फ्री-हिट समेत शॉट-कॉर्नर, पेनॉल्टी-स्ट्रोक आदि दंड स्वरूप कुछ भी दे सकता है।

प्रश्न : थ्रू-पास (Through Pass) से आप क्या समझते हैं ?

उत्तर : प्राय: फुटबॉल या हॉकी के खेलों में थ्रू-पास के जरिए ही मैच को विनिंग प्वाइंट तक पहुँचाया जा सकता है। यह थ्रू-पास ही होता है, जिससे मैच काफी रोमांचक व दिलचस्प हो जाता है। दर्शकों का भरपूर मनोरंजन होता है।

थ्रू-पास को समझने के लिए जरा उस खिलाड़ी पर ध्यान केंद्रित करिए, जो गेंद को विपक्षी टीम के गोलपोस्ट अथवा इस ओर ले जा रहा होता है। विपक्षी खिलाड़ी गेंद पर से उसका नियंत्रण हटाने के लिए संघर्ष करते हैं। जब आक्रमणकर्ता खिलाड़ी भाँप लेता है कि वह डायरेक्ट अथवा खुद अपने स्तर पर विपक्षी चक्रव्यूह (अथवा संघर्ष) को भेद नहीं सकता है या गेंद को प्रत्यक्ष रूप से अथवा स्वयं अपने स्तर पर आगे नहीं बढ़ा सकता, तब वह सामनेवाले खिलाड़ी को चकमा देते हुए गेंद को अपने साथी खिलाड़ी के पास हिट करता है तथा उस गेंद को उसका साथी खिलाड़ी पा भी लेता है तथा इस प्रकार से साथी खिलाड़ी गेंद को आगे बढ़ा देता है।

खेल की भाषा में इसको कहा जा सकता है कि आक्रमणकर्ता खिलाड़ी का वह पास जो विरोधी टीम की रक्षा पंक्ति को भेदकर निकल जाए तथा आक्रमणकर्ता खिलाड़ी के साथी द्वारा जाती हुई बॉल की तरफ भागकर उसे प्राप्त कर लिया जाए, यह थ्रू-पास कहलाता है।

प्रश्न : एस्ट्रोटर्फ क्या है ?

उत्तर : हॉकी मैच खेलने के लिए कृत्रिम रूप से मैदान तैयार किया जाता है, जिसको एस्ट्रोटर्फ कहते हैं।

प्रश्न : शूटिंग (Shooting) या स्ट्राइकिंग (Striking) सर्किल क्या है ?

उत्तर : यह हॉकी मैदान के खेल क्षेत्र का वह भाग होता है, जो गोल स्तंभों को केंद्र मानकर सोलह गज की रेखांकित त्रिज्या से गोल-रेखा अथवा अंत रेखा के समानांतर रेखांकित त्रिज्याओं को मिलाती हुई चार गज की रेखा से घिरा होता है। इसी को शूटिंग-वृत्त अथवा स्ट्राइकिंग-वृत्त कहते हैं।

अंग्रेजी अक्षर 'D' के जैसा आकार होने के कारण इस क्षेत्र को 'डी' भी कहा जाता है। आगे दिए गए चित्र में शूटिंग-वृत्त दिखाया गया है—

प्रश्न : टैक्लिंग से आप क्या समझते हैं ?

उत्तर : यह एक प्रकार से संघर्ष की स्थिति होती है, जब विरोधी टीम के खिलाड़ी से गेंद अपने नियंत्रण में करने के लिए खिलाड़ी को संघर्ष

करना पड़ता है। इस प्रयत्न अथवा कोशिश को ही टैक्लिंग कहते हैं। सामान्य अर्थ में तथा खेल की भाषा में इसको ऐसे भी कहा जा सकता है—विरोधी खिलाड़ी से गेंद अपने प्रभाव या नियंत्रण में लेने की कोशिश करना ही टैक्लिंग कहलाता है।

प्रश्न : ड्रिबलिंग (Dribbling) क्या है ?

उत्तर : गेंद को हलके स्पर्शों तथा टप्पों द्वारा आगे बढ़ाते जाना, हॉकी का महत्त्वपूर्ण मूल कौशल होता है। यह किसी भी हॉकी खिलाड़ी की योग्यता व सक्षमता का मानदंड होता है। आपने खेल के मैदान में खिलाड़ियों को ड्रिबलिंग करते देखा होगा। यह ड्रिबलिंग एक अनुभवी व परिपक्व खिलाड़ी ही अच्छी तरह से कर सकता है। ड्रिबलिंग में खिलाड़ी हथेली को बाहर की तरफ करके गेंद को हिट करता जाता है। इसके लिए बायाँ हाथ स्टिक पर रहता है। दायाँ हाथ हैंडल के नीचे होता है।

इस क्रिया में गेंद पर स्टिक के समतल भाग से धीरे-धीरे प्रहार करके गेंद को आगे बढ़ाया जाता है।

प्रश्न : के. फिशर हॉकी में क्या हैं ?

उत्तर : के. फिशर हॉकी के विश्वप्रसिद्ध खिलाड़ियों में से एक हैं। यह जर्मनी की तरफ से खेलते हैं। इनके नाम कई वर्ल्ड रिकॉर्ड हैं।

प्रश्न : फ्री-हिट (Free Hit) क्या है ?

उत्तर : जब किसी टीम का खिलाड़ी फाउल करता है अथवा खिलाड़ी पर फाउल का चार्ज लगता है, तो ऐसी स्थिति में अंपायर विपक्षी टीम को फ्री-हिट का लाभ दे सकता है। यह हिट फ्री होता है अर्थात् बाधा रहित। इसमें विपक्षी खिलाड़ी कोई बाधा नहीं डालता है।

जब इस प्रकार का हिट लगाया जाता है, तो कोई भी विपक्षी खिलाड़ी गेंद से पाँच गज से कम दूरी पर खड़ा नहीं हो सकता है।

17

भारत के विश्व प्रसिद्ध खिलाड़ी

हमारे देश में प्रतिभाओं की कमी नहीं है। खेल के विभिन्न क्षेत्रों में देश के खिलाड़ियों ने विदेशी जमीन पर भारत की सफलता के झंडे फहराए हैं। जहाँ तक हॉकी के खेल में भारत की उपलब्धियों की बात है, तो भारतीय हॉकी खिलाड़ियों की फेहरिस्त लंबी हो सकती है, पर उनमें कुछ नाम ऐसे भी हैं; जो न केवल अपने देश में ही, बल्कि विदेशों में भी काफी लोकप्रिय हुए हैं। ये कुछ खिलाड़ी हर समय सितारों की तरह चमकते रहे हैं।

आज हॉकी में भले ही भारतीय खिलाड़ियों ने एक उदासीन माहौल पैदा कर दिया है, पर इससे उनके खेल की धार कम नहीं हुई है। याद करिए, कॉमनवेल्थ गेम्स 2010 में भारतीय हॉकी टीम का प्रदर्शन, जिसमें एक तूफां का आगाज होता था। जब भारत ने पाकिस्तान को रौंदा था। हालाँकि भारत भी ऑस्ट्रेलिया के हाथों बुरी तरह पराजित हो गया था।

पर और कुछ तो नहीं, लेकिन भारतीय हॉकी खिलाड़ियों के प्रदर्शन देखकर हम बीते युग में एकबारगी जरूरी लौट गए थे और हमारी अपेक्षाएँ काफी बढ़ गई थीं।

हमारे जेहन में किसी जमाने के ध्यानचंद, किशनलाल घूम रहे थे, तो के.डी. सिंह बाबू की याद ताजा हो रही थी, जिनके नेतृत्व में भारतीय हॉकी टीम ने 1952 में हैलसिंकी में आयोजित ओलंपिक में स्वर्ण पदक जीता था।

ध्यानचंद को 'हॉकी के जादूगर' के नाम से जाना जाता है। ध्यानचंद एक ऐसे हॉकी खिलाड़ी थे, जो मैदान में आते, तो विपक्षी टीम में खलबली सी मच जाती थी। अंग्रेज हॉकी खिलाड़ी या तो ध्यानचंद का काफी सम्मान करते थे अथवा उनसे मन-ही-मन ईर्ष्या रखते थे। ध्यानचंद का टीम में होना ही सफलता व पदक की गारंटी समझा जाता था। इसी ध्यानचंद की कप्तानी में भारत ने बर्लिन ओलंपिक 1936 में तीसरा स्वर्ण पदक जीता था। इसका श्रेय केवल और केवल ध्यानचंद को ही जाता है। आज भी ध्यानचंद के नाम पर एक प्रतियोगिता आयोजित की जाती है।

इसी तरह देश की माटी ने किशनलाल जैसे हॉकी महारथी को पैदा किया। उन लोगों को याद होगा, जो आज भी जीवित हैं; 1948 का लंदन ओलंपिक। किशनलाल की कप्तानी में भारतीय हॉकी टीम ने भाग लिया था और किशनलाल ऐसे खिलाड़ी थे, जिन्होंने खेल की दिशा ही बदल दी थी। किशनलाल ने धमाकेदार प्रदर्शन करके दर्शकों को स्तब्ध कर दिया था और भारत को स्वर्ण पदक दिलवाया था।

उनके अलावा बलबीर सिंह, धनराज पिल्लै जैसे खिलाड़ियों ने एक जमाने में भारतीय हॉकी टीम को देश व दुनिया के क्षितिज पर शीर्ष पर ला खड़ा किया था। ये आज भी याद किए जाते हैं और भारतीय हॉकी खिलाड़ियों के लिए प्रेरणा- स्रोत रहे हैं।

अगर हम विश्व प्रसिद्ध भारतीय हॉकी खिलाड़ियों की बात करते हैं, तो कुछ नामों की चर्चा करना यहाँ आवश्यक हो जाता है, क्योंकि ऐसे खिलाड़ियों के कारण ही भारत अंतरराष्ट्रीय हॉकी संघ का अंग बना था। भारत अंतरराष्ट्रीय हॉकी फेडरेशन में शामिल होनेवाला पहला गैर-यूरोपीय दल था। कहने का अर्थ यह है कि उस जमाने के भारतीय हॉकी खिलाड़ियों ने कठोर श्रम व तपस्या करके भारतीय हॉकी को दुनिया में पहचान दिलाई थी। यह भारतीय हॉकी टीम ही थी, जिसने आठ बार ओलंपिक स्वर्ण पदक जीता था। यह भारतीय हॉकी खिलाड़ियों के त्याग, परिश्रम, लगन व समर्पण का ही नतीजा था कि भारतीय हॉकी टीम आठ बार की ओलंपिक स्वर्ण

पदक विजेता रही थी। यह अपने आप में एक बहुत बड़ी उपलब्धि है।

गुजरे जमाने के हॉकी खिलाड़ी देश के लिए खेलते थे, रिकॉर्ड बनाने व रिकॉर्ड तोड़ने के लिए खेलते थे। वे पैसे कमाने के लिए नहीं खेलते थे, क्योंकि वे पेशेवर खिलाड़ी नहीं थे। हॉकी से उन्हें अगाध लगाव था। हॉकी का रोमांच उनके जर्रे-जर्रे में व्याप्त था। एक लगन थी, एक श्रद्धा थी तथा स्वयं पर पूरा भरोसा था। वह चाहे धनराज पिल्लै रहे हों अथवा के.डी. सिंह बाबू या बलबीर सिंह रहे हों, किशनलाल, ध्यानचंद जैसे खिलाड़ियों ने हमेशा ही अगाध प्रेम व त्याग का परिचय दिया था। उन्होंने खेल में काफी मेहनत की, खेल की बारीकियों में कुशलता प्राप्त की और एक जज्बे के साथ खेला था और इन्हीं खिलाड़ियों के त्याग और तपस्या का फल था कि भारतीय हॉकी टीम का तब कोई मुकाबला नहीं था।

आज जिस प्रकार से भारतीय क्रिकेट टीम मजबूती के साथ उभरी है तथा विश्व चैंपियन बनी है; गुजरे जमाने में भारतीय हॉकी का भी यही जलवा था। भारतीय हॉकी की लोकप्रियता दूर-दूर तक फैली थी और खिलाड़ियों के प्रशंसक भी उतनी ही बड़ी तादाद में थे।

भारतीय हॉकी टीम ने हमेशा ही चमत्कारिक प्रदर्शन किया है। यही कारण था कि उस जमाने में जब हॉकी टूर्नामेंट का आयोजन होता था, तो स्टेडियम खचाखच भर जाता था। लोग दूर-दूर से अपने पसंदीदा खिलाड़ियों के मैच देखने आते थे और पूरा पैसा वसूल करके लौटते थे।

ध्यानचंद से लेकर धनराज पिल्लै तक भारतीय हॉकी के खिलाड़ियों ने भारतीय हॉकी को दुनिया के क्षितिज पर पहुँचाने या ले जाने का काम किया है।

आइए आगे के भाग में भारत के कुछ ऐसे ही विश्व प्रसिद्ध खिलाड़ियों पर एक नजर डालते हैं।

ध्यानचंद

जैसाकि मैंने आरंभ में ही बताया था कि ध्यानचंद भारत के एकमात्र

ऐसे हॉकी खिलाड़ी थे, जिन्हें 'हॉकी के जादूगर' के नाम से जाना जाता था। ध्यानचंद ने भारत को वो सबकुछ दिया, जो किसी ने नहीं दिया।

ध्यानचंद

भारतीय हॉकी में प्राण फूँकनेवाले ध्यानचंद निःसंदेह व निर्विवादित तरीके से संसार के चोटी के भारतीय हॉकी खिलाड़ी थे। इनका मैच में होना ही सफलता व विजय की गारंटी मान लिया जाता था। विपक्षी टीम उनके प्रभाव व उपलब्धियों से पहले ही खौफजदा हो जाती थी। ध्यानचंद पूरे आत्मविश्वास व लगन से खेलते थे और उन्होंने हमेशा ही भारतीय टीम को विजय दिलाई थी।

यह ध्यानचंद ही थे, जिसने तीन ओलंपिक स्वर्ण पदक जीते थे। इस हॉकी के जादूगर ने बर्लिन ओलंपिक, 1936 में भारतीय हॉकी टीम की कप्तानी की जिम्मेदारी निभाते हुए भारत को तीसरा ओलंपिक स्वर्ण पदक दिलवाया था।

भारत सरकार ने ध्यानचंद को पद्मभूषण जैसे बड़े सम्मान से सम्मानित किया था।

ध्यानचंद जन्मजात प्रतिभाशाली खिलाड़ी थे। अगर यह कहा जाए, तो कोई गलत नहीं होगा कि उनका जन्म ही हॉकी के लिए हुआ था। भगवान ने उन्हें हॉकी खेलने के लिए ही पैदा किया था।

अत्यंत छोटी उम्र में ही उन्होंने अपनी प्रतिभा का परिचय दे दिया था। उन्होंने बचपन से ही हॉकी खेलना शुरू कर दिया था। धीरे-धीरे वे चर्चा में आते चले गए। भारतीय हॉकी टीम के सदस्य बनने तक ध्यानचंद की लोकप्रियता चारों तरफ फैल गई थी और राष्ट्रीय स्तर पर आयोजित हॉकी के मैचों में उनका परफॉर्मेंस देखकर लोग दाँतों तले उँगलियाँ दबा लेते थे।

एक बार ध्यानचंद भारतीय हॉकी टीम से जुड़े, तो फिर इसकी बागडोर सँभालने में भी देरी नहीं लगी और इसी के साथ ही सफलता उनके कदम चूमती चली गई, पर ध्यानचंद के लिए हॉकी कर्म था, आराध्य था, एक तपस्या थी, भाग्य उसके बाद ही था। उन्होंने मेहनत की। भाग्य ने उनकी मेहनत का अच्छा फल दिया था। इसलिए वे तेजी से हॉकी के अंतरराष्ट्रीय चेहरे बनते चले गए थे।

लेस्ली क्लॉउडियस

भारतीय हॉकी टीम के सर्वाधिक प्रसिद्ध खिलाड़ियों में एक नाम लेस्ली क्लॉउडियस का भी लिया जा सकता है। यह हॉकी का एक ऐसा चेहरा रहा है, जिसने हमेशा ही कमाल का प्रदर्शन किया। यह एक ऐसा चेहरा भी रहा, जो अपनी अद्‌भुत खेल शैली व कौशल के लिए जाना जाता है।

लेस्ली क्लॉउडियस

25 मार्च, 1927 को जन्मे क्लॉउडियस ने बचपन में ही यह दिखा दिया था कि वह बड़ा होकर क्या बनेंगे। हालाँकि तब छोटी उम्र में बच्चे किसी बात को गंभीरता से नहीं लेते हैं तथा खाने-पीने, खेलने-कूदते, मौज मस्ती में ही उन्हें अधिक आनंद आता है, लेकिन उस छोटी सी उम्र में भी क्लॉउडियस में हॉकी सितारा बनने का जुनून अँगड़ाई ले रहा था। उन्होंने बचपन में ही हॉकी खेलना शुरू कर दिया था।

स्कूल के दिनों में ही उनकी विलक्षण प्रतिभा दिखने लगी थी। स्कूल टूर्नामेंट्स अथवा किसी संस्था अथवा क्लबों के द्वारा आयोजित हॉकी टूर्नामेंट्स में लेस्ली जरूर भाग लेते थे और व्यक्तिगत स्तर पर अपनी होनहारी का परिचय दे आते थे।

कई हॉकी मैचों में विजय का श्रेय ले चुके क्लॉउडियस ने राष्ट्रीय स्तर के टूर्नामेंट्स में भाग लिया और दर्शकों का ध्यान आकृष्ट करने में सफलता पाई।

लेस्ली ऑलराउंडर खिलाड़ी थे। जहाँ फिट होते, वहीं जम जाते थे। ड्रिबलिंग, पासिंग, स्कूप आदि में उनका जवाब नहीं था। उनका खेल कौशल व शारीरिक सक्षमता अद्‌भुत रहा था।

उस समय भारतीय हॉकी टीम को एक नए चेहरे की तलाश थी। चयनकर्ताओं की नजर लेस्ली पर पड़ी, तो उन्होंने टीम के लिए लेस्ली को चुनने में देरी नहीं लगाई। इसके बाद लेस्ली ने भारतीय हॉकी टीम को बुलंदियों पर पहुँचाया, तो इसके पीछे निश्चित रूप से उनके खेल कौशल दक्षता, अनुभव का ही हाथ रहा था। गुजरे दिनों में उन्होंने अनेक चमत्कारिक प्रदर्शन किए। उनका खेल प्रदर्शन देखकर दर्शकों की साँसें रुक जाती थीं। चाहे वे उनके प्रशंसक हों अथवा विरोधी टीम के दर्शक, स्टेडियम में तालियों की गूँज जरूर सुनी जाती थी। भारतीय दर्शक व लेस्ली के फैंस उन्हें सर आँखों पर बिठाते ही थे, विरोधी खेमे के दर्शक भी अपनी टीम के खिलाड़ियों पर भड़ास निकालते थे कि वे लेस्ली के जैसा प्रदर्शन क्यों नहीं कर पाते।

लेस्ली ने एक बार भारतीय हॉकी टीम में घुसपैठ क्या की, मानो वे टीम के चहेते ही बनते गए। इसका कारण उनका बहुमुखी प्रतिभाशाली होना था। धीरे-धीरे लेस्ली ने खुद को इतना बुलंद बना दिया कि वह टीम का दायाँ हाथ बन गए।

टीम का दायाँ हाथ बनना वाकई एक चमत्कार से कम नहीं कहा जाएगा। जैसे अगर किसी व्यक्ति के दोनों हाथों में से एक हाथ को काटकर अलग कर दिया जाए, तो वह जीता तो है, पर उसकी हालत मौत से भी बदतर हो जाती है। ऐसा व्यक्ति विकलांग कहा जाता है, जो अशक्त होता है, समाज में दीन व निसहाय होता है, दूसरों की कृपा का पात्र बन जाता है। भारतीय हॉकी टीम में से लेस्ली को जुदा कर देने से भारतीय हॉकी टीम की सूरत भी कमोबेश इसी स्थिति में नजर आती।

लेस्ली के व्यक्तिगत प्रदर्शन, टीम के लिए प्रदर्शन, देश के लिए प्रदर्शन,

रिकॉर्ड के लिए प्रदर्शन अलग-अलग होते थे। उन्होंने अनेक पुरस्कार, मेडल्स व बड़े-बड़े सम्मान पाए थे। ऐसे बहुमुखी प्रतिभाशाली व मँजे हुए खिलाड़ी पर भला कौन देश नाज नहीं कर सकता था।

बलबीर सिंह (सीनियर)

10 अक्तूबर, 1924 को जन्मे बलबीर सिंह हॉकी के एक ऐसे खिलाड़ी रहे हैं, जिन्होंने अपने खेल कॅरियर में अनेक कीर्तिमान स्थापित किए। अनेक उपलब्धियाँ प्राप्त करने, विश्व स्तर पर भारतीय हॉकी को बुलंदियों पर पहुँचाने, देश का गौरव बनने व राष्ट्रीय व स्वयंसेवी समेत अनेक निजी संस्थाओं से सम्मान प्राप्त करने वाले हॉकी खिलाड़ी बलबीर सिंह की कप्तानी में भारतीय हॉकी टीम ने वर्ष 1956 में मेलबर्न ओलंपिक में लगातार छह स्वर्ण पदक हासिल किए थे। अगर यह कहा जाए, तो कोई गलत नहीं होगा कि बलबीर सिंह ने ही ये स्वर्ण पदक दिलवाए थे। उस समय बलबीर सिंह का सितारा बुलंदियों पर था। इस चमत्कारिक उपलब्धि के बाद बलबीर सिंह की शोहरत दुनिया के देशों में तेजी से फैलती चली गई।

बलबीर सिंह (सीनियर)

इसमें कोई दो राय नहीं कि बलबीर सिंह हॉकी के एक ऐसे खिलाड़ी रहे हैं, जिन्हें खेल के विविध क्षेत्रों पर नियंत्रण प्राप्त था। मैचों में उनका प्रदर्शन देखकर दर्शकों की साँसें थम जाती थीं। वह हारी हुई बाजी को भी जीत में तब्दील कर देने का हौसला रखते थे। खेल की दिशा कब किस ओर पलट जाए, कोई नहीं जानता, लेकिन कुछ खिलाड़ियों को अपनी काबिलियत पर पूरा भरोसा रहता है। वे आत्मविश्वास व सूझबूझ से खेलते हैं तथा लय

से जीत की ओर अग्रसर होते हैं। टीम वर्क उनका महान् गुण होता है। ऐसे ही खिलाड़ियों में बलबीर सिंह एक थे। वह न केवल अच्छे खिलाड़ी ही थे, बल्कि एक अच्छे कप्तान के रूप में भी उन्होंने उल्लेखनीय सेवाएँ दर्ज कराईं और कई कीर्तिमान स्थापित किए। अंतरराष्ट्रीय टूर्नामेंट्स तथा ओलंपिक में भारतीय हॉकी संघ ने उनपर भरोसा किया तथा इस भरोसे को बलबीर सिंह ने हर हाल में अक्षुण्ण रखा था।

बलबीर सिंह के बारे में बताया जाता है कि वह देश के लिए खेलनेवाले सबसे अच्छे सेंटर-फॉरवर्ड खिलाड़ियों में से एक थे। इसी फॉर्म में उनका जवाब नहीं था। उन्होंने लगातार कई मौकों पर देश की प्रतिष्ठा के लिए खेला और वर्ल्ड रिकॉर्ड बनाए। उन्होंने जो कीर्तिमान स्थापित किए, इसकी उम्मीद उन जैसे खिलाड़ियों से ही की जा सकती थी।

बलबीर सिंह ओलंपिक में लगातार तीन टूर्नामेंट्स में स्वर्ण पदक जीतने वाली भारतीय हॉकी टीम की जान कहे जा सकते हैं। उन जैसे खिलाड़ियों ने ही भारत को हॉकी के क्षेत्र में बुलंदियों पर पहुँचाया था।

बलबीर सिंह के खाते में 6 स्वर्ण पदक आज भी याद किए जाते हैं। भारत सरकार ने उन्हें देश के बड़े सम्मानों में से एक पद्मश्री अवॉर्ड से नवाजा है।

अजीतपाल सिंह

अजीतपाल सिंह

अजीतपाल सिंह के बारे में किसी ने खूब कहा है कि खिलाड़ी हो तो ऐसा, चिराग जिससे शमा जले। आलोचकों ने इस अद्वितीय हॉकी खिलाड़ी के बारे में शायद ठीक ही लिखा है कि 1975 में भारतीय हॉकी टीम कदाचित् वर्ल्ड कप नहीं जीत पाती, अगर इस टीम के कप्तान अजीतपाल सिंह की जगह किसी और को

बनाया जाता।

निश्चित रूप से इसके पीछे आलोचकों की मंशा यह रही होगी कि अजीतपाल सिंह भारत के उम्दा कप्तानों में से एक रहे थे, जिनका न केवल खेल पर ही, बल्कि खिलाड़ियों पर भी नियंत्रण रहता था।

अजीतपाल सिंह भारतीय हॉकी टीम के बेहतरीन आउट स्टैंडिंग खिलाड़ियों में से टॉप पर थे। वे सेंटर-हाफ के खिलाड़ी माने जाते थे और जीत को अपनी जेब में दबाकर चलते थे। इतना भरोसा था उन्हें खुद पर।

अजीतपाल सिंह जन्मजात प्रतिभाशाली खिलाड़ी थे। बचपन में ही हॉकी खेलना शुरू कर दिया था और स्कूल के दिनों में तेजी से उनकी ख्याति फैलती चली गई। जब वह भारतीय हॉकी टीम के अंग बने, तब तक निचले स्तरों के खेलों में वे ढेर सारे सामान व पुरस्कार प्राप्त कर चुके थे। खेलों में उनका प्रदर्शन देखकर इस संभावना को बल मिलता था कि अगर इस खिलाड़ी को मौका मिला, तो देश के लिए अनेक चमत्कारिक उलट-फेर कर सकता है। पंडितों व ज्योतिषियों की भविष्यवाणी सत्य सिद्ध हुई।

मॉन्ट्रियाल, ओलंपिक 1975-76 में देश ने उन्हें मौका दिया। उनपर भरोसा किया। इतनी बड़ी जिम्मेवारी थी। इतना बड़ा टूर्नामेंट। देश की प्रतिष्ठा की बात थी। अजीतपाल सिंह ने अत्यंत सूझबूझ के साथ भारतीय कप्तानी सँभाली, इतने ही सूझबूझ व अनुभव से खेले भी और टीम को वर्ल्ड कप दिलवाया।

अजीतपाल सिंह सब समय हीरो रहे। जब वह टीम में थे, टीम से बाहर थे, हमेशा ही अच्छे खेल का प्रदर्शन किया और देश के गौरव बनते रहे।

वर्ष 1970 में भारत सरकार ने उन्हें खेल पुरस्कार से सम्मानित किया।

किशन लाल

भारतीय हॉकी टीम के कद्दावर व अनुभवी खिलाड़ियों में किशन लाल भी शामिल हैं। एक जमाने में किशन लाल की तूती बोलती थी। उनका

किशन लाल

मैचों में प्रदर्शन देखकर लोग हक्के-बक्के रह जाते थे। गेंद और किशन लाल का लय ताल, रफ्तार, क्रम आदि कमाल का था। किशन लाल और हॉकी खेल के विविध तकनीकी पहलुओं पर ध्यान आकृष्ट करने से पता चलता है कि किशन लाल पूरी तरह मैच्योर थे। वह चाहे ड्रिबलिंग हो, फॉरवॉर्डिंग अथवा थ्रू-पास के जरिए गेंद को लेकर भागने की कला, रफ्तार विरोधी खेमे में हड़कंप मचाकर रख देता था।

जानकारों का मानना है कि किशन लाल के परफॉर्मेंस में एक आक्रामकता थी, एक सटीक प्रहार था, वे एक ऐसे खिलाड़ी थे, जो एक लंबे समय तक गेंद से मनचाहा खेल खेल सकते थे। जब गेंद किशन लाल के नियंत्रण में होता था, तो मजाल थी कि विरोधी पक्ष का खिलाड़ी उसपर आसानी से नियंत्रण पा सके। गेंद को घुमाना, विरोधी पक्ष के खिलाड़ियों को ब्लफ देना, उन्हें बुरी तरह परेशान करना, सटीक हिट आदि के लिए जाने-जानेवाले किशन लाल ने बचपन में ही हॉकी खेलना शुरू कर दिया था। उन्होंने उसी समय यह जता दिया था कि हॉकी उनकी रग-रग में बसा है।

होनहार बिरवान के होत चिकने पात वाली कहावत किशन लाल पर सटीक बैठती है। बहुत कम समय में ही किशन लाल ने हॉकी के खेल में नाम कमा लिया था। जब उनका भारतीय हॉकी टीम के लिए चुनाव हुआ, तब तक उनकी शोहरत बुलंदियों पर थी। पर यही समय था, जब किशन लाल के दिल में अंतरराष्ट्रीय ख्याति प्राप्त करने का जोश उमड़ रहा था। उनकी भुजाएँ फड़क रही थीं, देश को कुछ देने का, देश के लिए शान से

जीने का... भारतीय हॉकी टीम का अंग बनने के बाद किशन लाल ने अंतरराष्ट्रीय टूर्नामेंट्स व ओलंपिक में टीम की तरफ से खेलना शुरू कर दिया और जल्दी ही अपने परफॉर्मेंस से साबित कर दिया कि टीम में उन्हें पहले ही शामिल कर लिया जाना चाहिए था। उन्होंने टीम स्तर पर तथा व्यक्तिगत स्तर पर अनेक रिकॉर्ड कायम किए और टीम को कई मौकों पर जीत दिलाई।

भारतीय टीम में किशन लाल का कद बढ़ता गया। 1948 में लंदन में ओलंपिक चल रहा था। किशन लाल पर देश ने एक बड़ी जिम्मेदारी सौंपी। उन्हें भारतीय टीम का कप्तान बनाकर भेजा गया। किशन लाल ने लंदन ओलंपिक, 1948 में अपनी टीम को जिताने में जान लगा दी और टीम को स्वर्ण पदक दिलवाने में कामयाब रहे थे। इस तरह किशन लाल के संकल्प, साहस, खेल कौशल, समर्पण, आत्मनियंत्रण व उनकी कुशल कप्तानी ने भारत का ओलंपिक, लंदन में झंडा फहराने में सफलता पाई थी। यह एक बहुत बड़ी उपलब्धि थी।

के.डी. सिंह बाबू

हॉकी खेल में दिलचस्पी रखनेवाले तथा आज के खिलाड़ियों को के.डी. सिंह बाबू के परफॉर्मेंस जरूर याद रहे होंगे। जब-जब हमारे देश में हॉकी मैचों का आयोजन होता है अथवा जब-जब भारतीय हॉकी टीम विदेशों में खेलने गई, तो भारतीय खिलाड़ियों के जेहन में के.डी. सिंह बाबू सरीखे कुछ चर्चित नाम, जो हर समय के हीरो रहे, जरूर याद आते होंगे, जिन्होंने भारतीय हॉकी टीम को

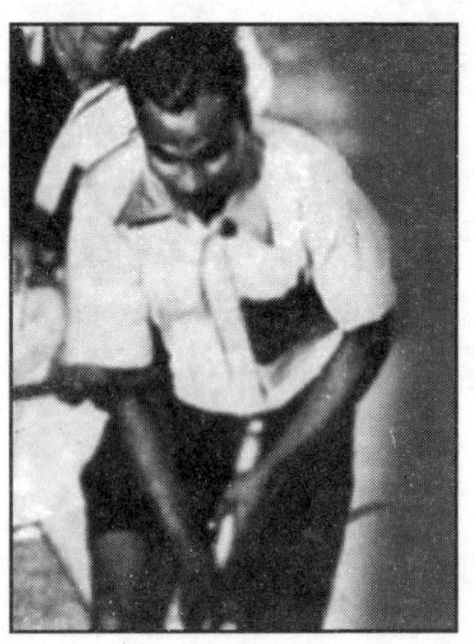

के.डी. सिंह बाबू

दुनिया के मानचित्र में सम्मानजनक स्थान दिलाया, जिन खिलाड़ियों ने खेल में नायाब करतब दिखाए, जिनके परफॉर्मेंस देखकर विरोधी पक्ष के खिलाड़ी भी चकित रह जाते थे। ये मिट्टी से जुड़े लोग थे, जिन्होंने खेल को लगन व उत्साह से जीया था।

हॉकी खेल में अपने नायाब कौशल व चमत्कारिक प्रदर्शन से दर्शकों को स्तब्ध कर देनेवाले भारतीय हॉकी खिलाड़ियों में के.डी. सिंह बाबू का नाम सम्मानपूर्वक लिया जाता है।

के.डी. सिंह बाबू का पूरा नाम कुँवर दिग्विजय सिंह था, लेकिन वे के.डी. सिंह बाबू के संक्षिप्त नाम से ही दुनिया में प्रसिद्ध हुए थे। यह संक्षिप्त नाम उनके लिए काफी भाग्यशाली सिद्ध हुआ था।

उत्तर प्रदेश के एक छोटे से शहर बाराबंकी में जन्मे के.डी. सिंह बाबू भारतीय हॉकी टीम के सरताज रहे। उनकी कप्तानी में भारत ने हैलसिंकी ओलंपिक, 1952 में स्वर्ण पदक जीता था।

के.डी. बाबू के बारे में बताया जाता है कि वह जितने अच्छे हॉकी खिलाड़ी थे, उतने ही अच्छे कप्तान भी थे। टीम के खिलाड़ियों को एकजुट करना, मैच के दौरान टीम को ऑर्गनाइज करना, खिलाड़ियों की क्षमता को पहचानने का कौशल तथा उनकी कुशल रणनीति सब काबिलेतारीफ थी।

के.डी. बाबू के लिए हॉकी पेशेवर खेल नहीं था। न कभी उन्होंने पैसे के लिए इसे खेला। यह उनका शौक था, लेकिन एक ऐसा शौक बना, जिसको आत्मा व स्नेह ने सींचा था। उन्होंने हमेशा लगन के साथ खेला और देश के लिए खेला।

के.डी. बाबू की भावना, देशप्रेम, राष्ट्रसम्मान व खेल के प्रति उनके समर्पण भाव ने भारतीय हॉकी को दुनिया में एक नई पहचान दिलाई। यही कारण था कि भारत सरकार ने भी उनका उसी गरिमामय तरीके से सम्मान भी किया। उन्हें पद्मश्री अवॉर्ड से सम्मानित किया गया। यह अवॉर्ड देश के कुछ गिने-चुने हॉकी खिलाड़ियों को ही प्राप्त हुआ है, जिन्होंने भारत का मान व सम्मान बढ़ाया तथा दुनिया में एक अद्भुत मिसाल कायम की है।

ऐसे खिलाड़ियों में के.डी. बाबू समेत ध्यानचंद, बलबीर सिंह (सीनियर), चरनजीत सिंह, जीवनपाल सिंह, दिलीप कुमार टिर्के जैसे नाम भाग्यशाली रहे है।

धनराज पिल्लै

इस मशहूर विश्वप्रसिद्ध भारतीय हॉकी खिलाड़ी को कौन नहीं जानता। यह नाम आज भी उतना ही लोकप्रिय है, जितना उस समय था, जब धनराज पिल्लै भारतीय हॉकी टीम की शान व मान थे।

धनराज पिल्लै

दुनिया के सबसे बेहतरीन स्ट्राइकरों में से एक इस भारतीय खिलाड़ी ने खेल में काफी उलटफेर किया था और हर बार सोने की तरह खरे सिद्ध हुए थे।

16 जुलाई, 1968 को महाराष्ट्र राज्य के किर्की में जन्म धनराज पिल्लै ने बचपन में ही हॉकी खेलना शुरू कर दिया था। तब उस समय देश में यह खेल काफी चर्चित था और बड़े-बड़े स्टार हॉकी खिलाड़ी देश व दुनिया में अपने परफॉर्मेंस से कीर्तिमान स्थापित करते जा रहे थे।

बताया जाता है कि धनराज पिल्लै ने छुटपन में ही हॉकी स्टार बनने का ख्वाब पाल लिया था। वह घंटों इस खेल की प्रैक्टिस करते थे और खेल कौशल की बारीकियों को सीखने में जुटे रहते थे। छोटे-छोटे क्षेत्रीय स्तर के टूर्नामेंटों में अपनी प्रतिभा का प्रदर्शन करते हुए पिल्लै स्कूल में आते-आते छा गए। उन्होंने स्कूल स्तर पर आयोजित कई टूर्नामेंटों में भाग लिया और हर

बार विजय पताका फहराने में कामयाब रहे। जैसे-जैसे उनकी लोकप्रियता बढ़ती गई, खेल के प्रति उनका समर्पण व एकजुटता बढ़ती गई। उन्होंने राष्ट्रीय स्तर की खेल-प्रतियोगिताओं में भाग लेना शुरू कर दिया। कई क्लबों और प्रतियोगिताओं में खेल में उनका अद्‌भुत परफॉर्मेंस तथा स्ट्राइकिंग पॉवर देखकर चयनकर्ताओं की नजर उनपर पड़ी, तो भारतीय टीम के लिए वे चुन लिए गए।

भारतीय हॉकी टीम का अंग बनते ही पिल्लै ने जैसे अब तक दिल में सँजोकर रखे सपनों के द्वार खोलने शुरू कर दिए और आँधी-तूफान की तरह कहर बरपाते चले गए। देश में हो अथवा देश से बाहर के टूर्नामेंट्स में पिल्लै ने एक अद्‌भुत मिसाल कायम की और अपने प्रदर्शन से यह सिद्ध कर दिया कि उनके मुकाबले का कोई खिलाड़ी नहीं था। उन्होंने व्यक्तिगत स्तर पर कई रिकॉर्ड बनाए व तोड़े, अनेक जगह से सम्मान प्राप्त किए और भारतीय हॉकी प्रेमियों की आँखों के तारे बने।

पिल्लै की टीम में बढ़ती ताकत व कद को देखते हुए उन्हें भारतीय टीम की कप्तानी सौंप दी गई। इस बड़ी जिम्मेदारी को उन्होंने सहर्ष कबूल किया। अपनी कप्तानी में पिल्लै ने टीम इंडिया को कई मौकों पर शानदार सौगात भेंट की।

एक बेहतरीन स्ट्राइकर खिलाड़ी, एक बेहतरीन कप्तान, एक अच्छी उपलब्धि व एक अच्छा नाम, एक खिलाड़ी को और क्या चाहिए।

भारत सरकार ने वर्ष 1999 में इस अद्वितीय हॉकी खिलाड़ी व कप्तान को प्रसिद्ध खेल पुरस्कार राजीव गांधी खेल रत्न अवॉर्ड से सम्मानित किया। इतना ही नहीं इस बेमिसाल खिलाड़ी ने पद्‌मश्री अवॉर्ड भी प्राप्त किया है।

मोहम्मद शाहिद

मोहम्मद शाहिद का जन्म उत्तर प्रदेश के शहर वाराणसी में हुआ था। वह भारतीय हॉकी टीम के धुरंधर खिलाड़ियों में से एक थे।

मुख्य रूप से देश के बेहतरीन फॉरवर्ड खिलाड़ियों में उनकी गिनती

मोहम्मद शाहिद

की जाती है, पर उनके निकट के लोगों का मानना है कि वह ऑलराउंडर खिलाड़ी थे।

वह अच्छे गोलकीपर भी थे, लेकिन यह पूरी तरह सच है कि वह फॉरवर्ड में ही चल सके और अपने खेल कौशल से लाखों लोगों को अपना दीवाना बनाया।

मोहम्मद शाहिद के अत्यंत करीबी व्यक्ति ने बताया कि शाहिद का जन्म हॉकी खेलने और देश का नाम रौशन करने के लिए ही हुआ था। जब वह दो साल के थे, तो स्टिक से खेलना और गेंद को छेड़ना शुरू कर दिया था।

मोहम्मद शाहिद के खेल कॅरियर तथा उनकी उपलब्धियों का रिकॉर्ड देखते हुए ऐसा ही लगता है कि इस खिलाड़ी का जन्म हॉकी खेलने के लिए ही हुआ था।

क्षेत्रीय व राष्ट्रीय स्तर की प्रतियोगिताओं में अपने खेलने के अंदाज, समर्पण, परफॉर्मेंस व सटीक लक्ष्य के साथ अपने कौशल से स्तब्ध कर देने का मादा रखने वाले मोहम्मद शाहिद ने जब भारतीय हॉकी टीम में प्रवेश किया, तो जैसे टीम को मजबूत सपोर्ट मिला।

इन्होंने टीम में आते ही अनेक राष्ट्रीय व अंतरराष्ट्रीय टूर्नामेंट्स में उत्कृष्ट प्रदर्शन किया और यह कहा जाए तो कोई गलत नहीं होगा कि कई बार भारतीय टीम हारते-हारते बची, तो कई बार हारते-हारते जीत गई और इसका श्रेय मोहम्मद शाहिद को जाता है। इस प्रकार से शाहिद ने भारतीय टीम में अपनी जरूरत को सिद्ध कर दिया था।

मोहम्मद शाहिद एक ऐसे खिलाड़ी रहे हैं, जिन्होंने हमेशा लगन व

दिल से खेला, फॉरवर्ड के कौशल सीखे और हमेशा ही कुछ-न-कुछ तब्दीलियाँ कीं, एक अलग मिसाल स्थापित की। विपरीत परिस्थितियों में भी दृढ़ता से खड़े रहना, किसी प्रकार के दबाव में न आना और अपनी दृष्टि हमेशा लक्ष्य पर केंद्रित रखना, यह उनके व्यक्तित्व व खेल की विशेषता रही है। यही कारण है कि शाहिद ने निजी तौर पर कई रिकॉर्ड बनाए तथा अपनी अलग पहचान दर्ज कराई।

भारत सरकार ने इस अद्‌भुत महान् हॉकी खिलाड़ी को 1980-81 में खेल पुरस्कार से सम्मानित किया। इसके अलावा शाहिद को पद्‌मश्री अवॉर्ड के लिए भी चुना गया।

एम. शाहिद ने अर्जुन अवॉर्ड प्राप्त करने का गौरव, पद्‌मश्री का सम्मान व लाखों-करोड़ों प्रशंसकों का प्यार पाने का रिकॉर्ड कायम करके यह सिद्ध किया है कि अगर आपके पास प्रतिभा हो, दिल में हौसला व कुछ करने की तड़प तथा जुनून हो, तो एक-न-एक दिन आपकी मुराद पूरी होती ही है। शायद नए खिलाड़ियों के लिए यही उनके आदर्श कथन हो सकते हैं।

गगन अजीत सिंह

वर्ष 2002 में अर्जुन पुरस्कार से सम्मानित भारत के प्रसिद्ध हॉकी खिलाड़ियों में गगन अजीत सिंह की चर्चा न की जाए, तो शायद इस पुस्तक को लिखने का ध्येय अधूरा ही रहेगा।

गगन अजीत सिंह इस सदी के महान् हॉकी खिलाड़ी हैं। वर्ष 2010 में दिल्ली में आयोजित कॉमनवेल्थ गेम्स में भारतीय हॉकी टीम के सुपर पॉवर कहे जानेवाले गगन अजीत सिंह ने पाकिस्तानी खिलाड़ियों के छक्के छुड़ा दिए थे।

गगन अजीत सिंह

गगन अजीत सिंह भारतीय

हॉकी टीम के वर्तमान स्वरूप व काल की धुरी कहे जा सकते हैं। उन्हें वर्तमान भारतीय हॉकी टीम की रीढ़ कहना भी अनुचित नहीं होगा।

9 दिसंबर, 1980 को फिरोजपुर, पंजाब में जन्मे गगन अजीत सिंह को विरासत में हॉकी का खेल कौशल मिला था। वह एक ऐसे परिवार में पैदा हुए थे, जहाँ घर-आँगन में हॉकी खेला जाता था। उपयुक्त माहौल में परवरिश हुई, तो धीरे-धीरे हॉकी का खुमार चढ़ता गया और बड़ों के साथ उन्होंने भी हॉकी खेलना शुरू कर दिया।

परिवार में अच्छा सपोर्ट व गाइड-कोच मिलने से गगन सिंह बहुत कम उम्र में ही इस खेल में पारंगत हो गए थे।

उन्होंने स्कूल के दिनों में ही राष्ट्रीय स्तर के खेल टूर्नामेंट्स में भाग लेना शुरू कर दिया था। जन्मजात प्रतिभाशाली तो थे ही, जब अवसर मिला तो पीछे नहीं रहे और अपने उत्कृष्ट खेल प्रदर्शन से आनेवाले समय में टीम इंडिया में अपनी जगह पक्की कर ली।

जब टीम इंडिया में उनका चयन हुआ, तो उस समय भारतीय हॉकी टीम में सेंटर फॉरवर्ड के खिलाड़ियों की शिद्दत से कमी महसूस की जा रही थी। गगन अजीत सिंह का एक सेंटर फॉरवर्ड खिलाड़ी के रूप में उनके उत्कृष्ट प्रदर्शन को चयनकर्ताओं ने देख लिया था। अतः उनका चयन कर लेने में कोई दिक्कत नहीं हुई। बाद में गगन अजीत सिंह ने यह साबित कर दिया कि सेंटर फॉरवर्ड में कोई अन्य खिलाड़ी उनका मुकाबला नहीं कर सकता। गुजरते समय में गगन अजीत सिंह सेंटर फॉरवर्ड में खेलनेवाले भारत के बेहतरीन खिलाड़ियों में से एक हो गए।

गगन अजीत सिंह वर्तमान कड़ी के हस्ताक्षर खिलाड़ी हैं तथा भारतीय हॉकी टीम में उनका वर्चस्व बरकरार है। उन्होंने अर्जुन अवॉर्ड के अलावा कई निजी व दूसरी संस्थाओं से सम्मान प्राप्त किया है। निजी व टीम स्तर पर उनकी उपलब्धियों ने देश को गौरवान्वित किया है।

प्रबोध टिर्की

प्रबोध टिर्की

इस कप्तान को कौन नहीं जानता, जिसने वर्ष 2007 में आयोजित एशिया कप हॉकी टूर्नामेंट में भारत को विजय दिलाई थी।

एशिया कप हॉकी टूर्नामेंट का आयोजन वर्ष 2007 में चेन्नई में हुआ था। भारतीय हॉकी टीम की कप्तानी कर रहे थे प्रबोध टिर्की। एक कड़ी चुनौती थी उनके सामने। देश ने उनपर भरोसा किया था, लेकिन टिर्की को अपनी टीम पर, टीम के खिलाड़ियों पर पूरा भरोसा था। प्रबोध टिर्की ने टूर्नामेंट में उतरने से पूर्व अपनी टीम के सदस्यों के साथ खूब अभ्यास किया और कोच की एक-एक बातों व टिप्स का खयाल रखा। उसके बाद भारतीय टीम मैदान में उतरी और टूर्नामेंट जीत लिया।

इस महान् जीत का श्रेय प्रबोध टिर्की को जाता है। उन्होंने व्यक्तिगत (निजी) स्तर पर अच्छा कौशल दिखाया था और टीम को जीत दिलाई।

प्रबोध टिर्की आधुनिक भारतीय हॉकी टीम के कर्णधार हैं। वे एक ऐसे खिलाड़ी हैं; जो अपने खेल कौशल से जाना जाता है।

वर्तमान हॉकी खिलाड़ियों में प्रबोध टिर्की का कोई मुकाबला नहीं है। खेल के प्रति समर्पण, विशिष्ट शैली, कुशल तकनीक व अदम्य उत्साह का प्रदर्शन करने वाले प्रबोध टिर्की विपरीत स्थितियों में भी चट्टान की तरह खड़े रहते हैं और किसी तरह के मनोवैज्ञानिक दबाव से ऊपर रहते हैं। उनकी इस विशिष्टता ने ही उन्हें सबसे अलग लाकर खड़ा किया है।

भारतीय हॉकी खिलाड़ियों में और भी कई चर्चित व प्रसिद्ध नाम हैं; जैसे— प्रितपाल सिंह, चरनजीत सिंह, एस. लक्ष्मण, उधम सिंह, गुरुबख्श सिंह, हरविंदर सिंह, पी. कृष्णमूर्ति, माइकल किंडो, अशोक कुमार, रूपा सैनी, गोविंदा, फर्नांडिज, वासुदेवन, जफर इकबाल, एम.के. कौशिक, हरदयाल सिंह, देवेश चौहान, एम.पी. सिंह, पांडा, सोमैया, रमनदीप, हरिपाल, दीपक ठाकुर, मैरी, राजिंदर सिंह कौर आदि। इन खिलाड़ियों ने भारतीय हॉकी टीम को बुलंदियों पर पहुँचाने का काम किया और देश को सम्मान दिलाया। उनमें से कुछ खिलाड़ी आज भी भारतीय हॉकी टीम के सशक्त हस्ताक्षर हैं।

भारतीय हॉकी टीम के कोच उधम सिंह अपने समय में सबसे बेहतरीन हॉकी खिलाड़ियों में से एक थे। वह गजब का खेल प्रदर्शन दिखाते थे। उनका कोई जोड़ नहीं था।

उधम सिंह के खेलने का अलग अंदाज होता था। वे पूरी तन्मयता व जोश से भरकर खेलते थे। हॉकी के मैदान में उनके चेहरे पर किसी ने शिकन तक महसूस नहीं की थी। हर परिस्थितियों में खुद को ढाल लेने की कला और विपरीत परिस्थितियों में निपटने का कौशल, खेल की बारीकियों व कुशल तकनीकी कला के जानकार उधम सिंह ने हमेशा ही अपनी अलग छाप छोड़ी।

वर्ष 1965 में भारत सरकार ने उधम सिंह को खेल पुरस्कार दिया। अर्जुन अवॉर्ड विजेता उधम सिंह संन्यास लेने के बाद भारतीय हॉकी टीम की बतौर कोच सेवा कर रहे हैं।

अंतिम अध्याय

विश्व हॉकी के पाँच प्रसिद्ध खिलाड़ी

हालाँकि यह सहज नहीं है विश्व के अत्यंत प्रसिद्ध हॉकी के पाँच सितारों का चुनाव करना, पर उनमें कुछ नाम ऐसे हैं, जिन्हें अनदेखा भी नहीं किया जा सकता है, लेकिन जब हम बात करते हैं, खेल के विविध कौशलों—जैसे—स्कोरिंग, पासिंग, नेतृत्व गुण, स्केटिंग आदि की तथा उसके आधार पर विश्व के टॉप-पाँच हॉकी फील्ड प्लेयर्स को ढूँढ़ा जाए, तो कुछ नाम सहज ही जुबान पर आ जाते हैं। ये नाम, जिनका उल्लेख यहाँ किया जा रहा है, अपने आप में पूर्ण, बेमिसाल, लाजवाब तथा अपनी अलग पहचान के स्वामी हैं—

वायनी ग्रेटज्की (Wayne Gretzky)

कनाडा के इस महान् हॉकी खिलाड़ी को 'ग्रेटेस्ट हॉकी प्लेयर ऑफ ऑल टाइम्स' (Greatest hockey player of all times) का खिताब दिया गया है। वायनी ग्रेटज्की (Wayne Gretzky) को इसके एक उपनाम, जो अलंकृत हैं, 'ग्रेट वन' से भी जाना जाता है।

इस महान् व अद्‌भुत हॉकी खिलाड़ी का खेल कॅरियर वर्ष 1978 में आरंभ हुआ था और 18 अप्रैल, 1999 को इस खेल कैरियर से संन्यास ले लिया था।

वायनी ग्रेटज्की (Wayne Gretzky)

सन् 1978 से लेकर अपने रिटायरमेंट तक वायनी ने अपने रिकॉर्डों का पहाड़ खड़ा कर दिया था। उन्होंने कई विश्व कीर्तिमान स्थापित किए, अगर वायनी की उपलब्धियों पर एक नजर डाली जाए तो पता चलता है कि उन्हें आखिरकार वर्ल्ड टॉप–पाँच में क्यों शुमार किया गया है। उनके नाम कुछ अत्यंत बड़े रिकॉर्ड इस प्रकार हैं—

- चालीस नियमित–सत्र रिकॉर्ड्स
- छह ऑल–स्टार रिकॉर्ड्स
- पंद्रह प्लेऑफ रिकॉर्ड्स आदि।

ये सारे रिकॉर्ड्स 'ग्रेट वन' बनाने के लिए पर्याप्त हैं। वायनी एकमात्र ऐसे नेशनल हॉकी लीग (NHL) खिलाड़ी रहे हैं, जिन्होंने एक सत्र में दो सौ से भी ज्यादा प्वॉइंट्स अर्जित किए हैं।

विश्व हॉकी के इतिहास में उनका नाम स्वर्णाक्षरों से लिखा जाएगा।

मारियो लिमिक्स (Mario Lemieux)

मारियो भी कनाडा से संबंध रखते हैं तथा विश्व के अत्यंत प्रोफेशनल खिलाड़ियों में से एक हैं।

मारियो लिमिक्स ने वर्ष 1984 में अपने खेल कॅरियर की शुरुआत की थी। खेल के विविध कौशलों में पारंगत दुनिया के सर्वश्रेष्ठ–पाँच हॉकी खिलाड़ियों में शुमार इस असाधारण प्रतिभाशाली खिलाड़ी ने फास्ट स्कैटर तथा प्लेमेकर के रूप में असाधारण ख्याति प्राप्त की और विश्व का ध्यान आकृष्ट किया। विपक्षी टीम की रक्षा पंक्ति को भेदना उनके बाएँ हाथ का

मारियो लिमिक्स (Mario Lemieux)

काम था। उन्होंने अपनी टीम की तरफ से सर्वाधिक गोल बनाए तथा सर्वाधिक प्वॉइंट अर्जित किया। उन्होंने प्रत्येक गेम में एक कीर्तिमान स्थापित किया। उनका परफॉर्मेंस देखकर दर्शक दाँतों तले उँगली दबाने पर मजबूर हो जाया करते थे।

मारियो लिमिक्स ने करोड़ों हॉकी प्रेमियों का दिल जीता। न केवल अपने देश कनाडा में ही, बल्कि देश से बाहर भी उनके प्रशंसकों की तादाद काफी ऊँची है।

मारियो ने नेशनल हॉकी लीग (NHL) के पिट्सबर्ग पेनजुइन्स (Pittsburgh Penguins) में बतौर फॉरवर्ड खिलाड़ी सत्रह सत्र पूरे किए, जो वर्ष 1984 से 2005 तक का काल कहा जाता है।

लेकिन यह भी सच है कि ग्रेटज्की की भाँति मारियो ने किसी एक टीम के लिए नहीं खेला, जो उनके गौरव का कारण बन जाता।

मारियो लिमिक्स के खेल में एक धार थी, एक जोश व जुनून था, जो उन्हें सबसे अलग रखता था। इस असाधारण प्रतिभाशाली और हॉकी के लिए पूरी तरह समर्पित खिलाड़ी के खेल कॅरियर में अगर किसी ने बाधा डाली, तो वह था उनका खुद का कमजोर स्वास्थ्य, जो अनेक गंभीर बीमारियों से ग्रसित रहता था।

जी हाँ, मारियो लिमिक्स कैंसर जैसे असाध्य रोगों से पीड़ित थे, उन्हें बैकपेन था, स्पाइनल डिस्क की भी शिकायत रहती थी। मांसपेशियों में

सिकुड़न, खिंचाव आदि कई रोगों ने उन्हें जकड़ लिया था, जो उनके खेल कॅरियर को प्रभावित कर रहा था।

बहरहाल, मारियो का खेल कॅरियर जारी रहा। सन् 2006 में उन्होंने कमजोर स्वास्थ्य के चलते खेल कॅरियर से संन्यास ले लिया। बहरहाल, जब वह रिटायर्ड हुए, तो ऑल-टाइम स्कोरर में उनका सातवाँ स्थान था।

मारियो को विश्व के ऑल-टाइम स्कोरर में सातवें स्थान पर रखा गया। उन्होंने अपने खेल कॅरियर में 690 गोल बनाए थे और कुल प्वाइंट्स 1,033 दर्ज किया गया था।

बॉबी ओर (Bobby Orr)

कनाडा में एक से बढ़कर एक हॉकी खिलाड़ी पैदा हुए हैं। यहाँ के खिलाड़ियों ने देश व दुनिया में अपने नाम का डंका बजाया है। जैसे ऑस्ट्रेलिया क्रिकेट की जमीन के रूप में जाना जाता है; उसी तरह से कनाडा को 'हॉकी की धरती' कहा जा सकता है।

बॉबी ओर (Bobby Orr)

'बॉबी ओर' भी कनाडा के ही खिलाड़ी हैं, जिन्होंने विश्व हॉकी में कई नायाब कीर्तिमान स्थापित किए हैं। बॉबी ओर के पक्ष में सबसे बड़ी व महत्त्वपूर्ण बात यह है कि उनका खेल प्रदर्शन देखकर दर्शकों में गजब का उत्साह छा जाता था। भीड़ 'बॉबी' 'बॉबी', या 'वंस मोर' के

नारे लगाती, क्योंकि जब भी वह मैदान में खेलने के लिए आए, हमेशा ही कुछ अनोखा कर दिखाया, यह वर्ल्ड रिकॉर्ड उनके नाम है, इसलिए वह अपनी तरह के अलग खिलाड़ी हैं।

बॉबी ओर का खेल कॅरियर वर्ष 1966 में आरंभ हुआ तथा सन् 1978 तक जारी रहा था। इस बारह साल की खेल अवधि में लाखों-करोड़ों हॉकी प्रेमियों का दिल जीतनेवाले बॉबी ओर रक्षा पंक्ति के असाधारण खिलाड़ी होते थे।

बॉबी का खेल कॅरियर दो भागों में बँटा था। 'शिकागो ब्लैक हॉक्स' के लिए दो सत्र खेले और शेष समय 'बोस्टन ब्रुइंस' (Boston Bruins) के लिए खेलते रहे।

अपने खेल जीवन में बॉबी ने कई महत्त्वपूर्ण रिकॉर्ड बनाए व उपलब्धियाँ हासिल कीं, उनमें से कुछ इस प्रकार हैं—

- बॉबी ने आठ स्ट्रैट नॉरिस ट्रॉफिज (Eight straight norris trophies) जीतने का वर्ल्ड रिकॉर्ड बनाया था।
- एन.एच.एल. का बेस्ट डिफेंसमैन अवॉर्ड।
- एन.एच.एल. का सर्वाधिक महत्त्वपूर्ण खिलाड़ी होने का गौरव।

हॉकी खेलों से संन्यास लेने के बाद बॉबी ने पॉल क्रिपेल्का (Paul Krepelka) तथा रिक कुरान के साथ मिलकर प्लेयर एजेंट के रूप में काम करना शुरू कर दिया।

लेकिन बॉबी को जिस तरह से प्रशंसकों का प्यार व दुलार मिला था, वह हॉकी के कम खिलाड़ियों को नसीब हुआ। बताया जाता है कि जब बॉबी मैदान में खेलने के लिए आते, तो स्टेडियम में बैठे दर्शक 'बॉबी', 'बॉबी' कहकर चिल्ला पड़ते थे, क्योंकि दर्शकों को बॉबी पर पूरा भरोसा था। बॉबी ने भी दर्शकों के भरोसे, स्नेह व प्यार को विखंडित नहीं होने दिया।

रॉकेट रिचार्ड (Rocket Richard)

'राकेट रिचार्ड' के नाम से मशहूर जोसेफ हेनरी मौरिस विश्व के सुप्रसिद्ध टॉप-पाँच खिलाड़ियों में से एक थे, जिनका हॉकी खेलों पर एकाधिकार अथवा पूर्ण नियंत्रण प्राप्त था। मौरिस ने विश्व हॉकी को एक नई दिशा दी, उसकी लोकप्रियता में इजाफा किया और देश व दुनिया के करोड़ों खेल-प्रेमियों को इससे जोड़ा।

रॉकेट रिचार्ड (Rocket Richard)

रॉकेट रिचार्ड ने अपने खेल कॅरियर में अनेक अद्‌भुत रिकॉर्ड बनाए, जिसका मुकाबला अथवा वहाँ पहुँचने का सपना अब तक किसी भी खिलाड़ी का साकार नहीं हो सका है।

वह विश्व के पहले ऐसे खिलाड़ी रहे हैं, जिन्होंने पचास खेलों में पचास गोल किए और यह रिकॉर्ड अब तक कोई भी खिलाड़ी तोड़ नहीं सकता है। यह रिकॉर्ड उनके नाम है।

मॉरिस का खेल कॅरियर वर्ष 1942 में शुरू हुआ था, जो वर्ष 1960 तक जारी रहा था।

अपने हॉकी कॅरियर में मौरिस ने 500 गोल किए और ऐसा करनेवाले वह दुनिया के पहले हॉकी प्लेयर बने।

जोसेफ हेनरी मौरिस ने अपने खेल जीवन में अनेक स्वर्णिम क्षणों को जीया था। उनकी कप्तानी में उनकी टीम ने लगातार चार बार स्ट्रेट कप (Straight Cup) जीता था। यह काल वर्ष 1957 से 1960 तक का काल रहा

है, जो उनके खेल जीवन का स्वर्णिम काल कहा जाता है।

मौरिस ने मॉट्रियल में आठ बार 'स्टेनली कप' जीता है। यह भी एक रिकॉर्ड रहा।

इस तरह मौरिस ने अद्भुत खेल का प्रदर्शन करके विश्व कीर्तिमान स्थापित किए।

आलोचकों का मानना है कि रिचार्ड हॉकी के मैदान में वही तेवर दिखाते थे, जो आसमान में हवा को चीरती जाती रॉकेट की होती है, वही गति मौरिस की खेल के दरमियान देखने को मिलती थी।

जब वह गेंद की ड्रिबलिंग करते, तो मैदान के एक छोर से दूसरे छोर तक पहुँच जाते थे और विपक्षी खिलाड़ी उनसे गेंद छीनने की चेष्टा में हाथ मलते रह जाते थे। गोल पर उनका सटीक निशाना होता था तथा टीम की तरफ से जितने भी गोल दागे गए, वह सब उनके कारण ही संभव हुआ था। इन्हीं ढेर सारी खूबियों के कारण मौरिस को 'रॉकेट' कहा जाने लगा था।

गोर्डी होवि (Gordie Howe)

हॉकी के इतिहास में ऐसा कोई भी खिलाड़ी नहीं है, जिसने गोर्डी से ज्यादा मैच खेले हों अर्थात् इस महान् हॉकी खिलाड़ी ने सबसे ज्यादा मैच खेलने का वर्ल्ड रिकॉर्ड बनाया है।

गोर्डी का खेल कॅरियर वर्ष 1946 में आरंभ हुआ था। वह पहले ऐसे खिलाड़ी थे, जिसने वर्ष 1940 से लेकर 1980 के दशक तक अर्थात् पाँच अलग-अलग दशकों, पूरे पचास साल नेशनल हॉकी लीग (NHL) में खेला और यह एक अजूबे से कुछ कम नहीं है।

गोर्डी ने Detroit Red Wingo के पचीस अद्भुत सत्रों में खेलकर सर्वाधिक 786 गोल बनाने का विश्व रिकॉर्ड कायम किया।

इस्लाम में 786 अंक काफी शुभ माना गया है। इस स्कोर ने गोर्डी को दुनिया के महानतम् हॉकी खिलाड़ियों में शीर्ष पर रखा तथा उनकी

लोकप्रियता व प्रसिद्धि को तेजी से बढ़ाया था।

गोर्डी ने अपने कॅरियर में सर्वाधिक प्वाइंट्स-1809 अर्जित करने का भी विश्व रिकॉर्ड कायम किया है। इस तरह गोर्डी ने एक से बढ़कर एक अद्‌भुत रिकॉर्ड बनाए हैं।

गोर्डी होवि (Gordie Howe)

आलोचकों ने माना है कि हॉकी इतिहास में एक से बढ़कर एक नायाब हॉकी खिलाड़ी पैदा हुए, लेकिन गोर्डी की टक्कर का कोई नहीं। वह बेमिसाल व लाजवाब है।

गोर्डी ऑल-राउंडर खिलाड़ी थे। खेल के विविध कौशलों में उन्हें दक्षता प्राप्त थी। उनके बारे में बताया जाता है कि वह शूटिंग, स्कोरिंग, स्टिक हैंडलिंग के साथ-साथ हॉकी के दूसरे तकनीकी गुणों में सर्वोपरि थे अर्थात् एक शब्द में यह कहा जा सकता है कि गोर्डी हॉकी के सभी तकनीकी गुणों में लाजवाब थे, खासकर शूटिंग व स्टिक हैंडलिंग में उनका कोई सानी नहीं था।

इन्हीं सारी विशेषताओं व बेमिसाल हुनर ने ही गोर्डी को विश्व के टॉप-पाँच हॉकी प्लेयर्स में शुमार किया है।

गोर्डी बावन साल की उम्र तक हॉकी खेलते रहे और वर्ष 1980 में उन्होंने संन्यास ले लिया।

हालाँकि विश्व के सुप्रसिद्ध हॉकी खिलाड़ियों की सूची काफी लंबी

हो सकती है, लेकिन यहाँ पर मैंने जिन खिलाड़ियों की चर्चा की है, वे अपने आप में बेमिसाल रहे। उन्होंने अलग-अलग कीर्तिमान स्थापित किए। इसलिए उनका एक-दूसरे से मुकाबला या तुलना नहीं की जा सकती है।

विश्व में कुछ और भी हॉकी के अनमोल रत्न पैदा हुए, उनमें डोमिनिक टासेक। (अद्भुत हॉकी खिलाड़ी), डग हार्वे, गे लेफ्ल्योर, स्कॉट स्टिवेन्स, मार्क मिशिर आदि। इन खिलाड़ियों ने आत्मा व दिल से खेल को जीया और अपनी अलग पहचान दर्ज कराई है।